本书出版获得国家社会科学基金（17BJY090）的资助

农户生计多样化视角下农地确权政策实施效果评估及优化路径研究

许恒周　著

中国财经出版传媒集团

经济科学出版社

Economic Science Press

图书在版编目（CIP）数据

农户生计多样化视角下农地确权政策实施效果评估及优化路径研究／许恒周著. —北京：经济科学出版社，2021. 8

ISBN 978 – 7 – 5218 – 2622 – 7

Ⅰ. ①农…　Ⅱ. ①许…　Ⅲ. ①农业用地 – 土地所有权 – 土地制度 – 研究 – 中国　Ⅳ. ①F321. 1

中国版本图书馆 CIP 数据核字（2021）第 116937 号

责任编辑：刘殿和
责任校对：徐　昕
责任印制：李　鹏　范　艳

农户生计多样化视角下农地确权政策实施效果评估及优化路径研究

许恒周　著

经济科学出版社出版、发行　新华书店经销
社址：北京市海淀区阜成路甲 28 号　邮编：100142
总编部电话：010 – 88191217　发行部电话：010 – 88191522
网址：www. esp. com. cn
电子邮箱：esp@ esp. com. cn
天猫网店：经济科学出版社旗舰店
网址：http：//jjkxcbs. tmall. com
北京密兴印刷有限公司印装
710 × 1000　16 开　9. 25 印张　180000 字
2021 年 8 月第 1 版　2021 年 8 月第 1 次印刷
ISBN 978 – 7 – 5218 – 2622 – 7　定价：43. 00 元
（图书出现印装问题，本社负责调换。电话：010 – 88191510）
（版权所有　侵权必究　打击盗版　举报热线：010 – 88191661
QQ：2242791300　营销中心电话：010 – 88191537
电子邮箱：dbts@ esp. com. cn）

前　言

　　"三农"问题的关键在农民,农民关注的核心在土地。土地权益的归属决定了农民的权益能否得到尊重和实现。我国已经进入农村土地"三权分置"局面,严格意义上是土地所有权、土地承包经营权和土地经营权的分置。在"三权分置"的土地产权结构中,农户拥有的土地承包经营权具有物权性质,从根本上确保了农户对土地的承包权和经营权。同时,"三权分置"为农村土地经营权的流转提供了制度许可,为土地的适度规模经营提供了制度保证,为农业的多样化经营提供了政策可能,适应了发展现代农业的现实要求,成为一项符合我国基本国情推动现代农业发展的重要基础性制度。农村土地确权颁证对于确认和维护农民的土地产权、完善"三权分置"的土地产权结构具有重要的现实意义。农地流转作为实现农业规模化经营的重要途径,是家庭联产承包责任制适应社会经济发展的时代选择,是实现农业规模化经营、转移农村剩余劳动力、增加农民收入、实现城乡统筹发展的必然要求。尽管中央政府明确提出鼓励农村土地流转,各级地方政府也相继颁布了一系列规范农地流转的文件,但各地农地流转依然存在活力不足、规模不大、结构不协调等问题。在这种背景下,党的十七届三中全会通过《关于推进农村改革发展若干重大问题的决定》指明了农村土地改革的方向,提出"产权明晰、用途管制、节约集约、严格管理",首次明确提出要搞好农地确权登记工作,中央依法解决土地的权能属性问题。

　　2013年《中共中央国务院关于加快发展现代农业进一步增强农村发展活力的若干意见》提出健全农村土地承包经营权登记制度,强化对农村耕地、林地等各类土地承包经营权的物权保护,用5年基本完成农村土地承包经营权确权登记颁证工作,妥善解决农户承包地块面积不准、四至不清等问题。在全国基本完成农地确权的背景下,农地确权政策的效果如何?对农地流转、农民收入、农村劳动力转移等方面带来什么样的影响?是积极的还是消极的?这些影响的内在机理是什么?如何应对?这些问题在学界一直有不同的意见。

因此，研究农地确权的政策效果，对于完善当前农地确权政策、深化农村土地制度改革、发展现代农业、促进乡村振兴有着重要的意义。

农民生计多样性，表明不同生计类型农民的资源禀赋、就业能力等都存在差异，导致其对农地确权政策的认知和响应也存在差异。所以，在分析农地确权政策实施效果时，必须要考虑农户异质性的特点。因此，本书立足于农户生计多样化的视角，通过理论和实证检验，从农地流转、农民收入、农村劳动力转移三方面具体分析了其政策效果，并得出如下的主要结论和政策启示。

第一，通过构建农地确权对农地流转、农民收入和劳动力转移影响的理论分析框架，并识别其中的中间传导机制，形成了"农地确权—中间传导机制—农地流转/农民收入/劳动力转移"的理论框架。

第二，从整体情况看，农户对农地确权政策实施效果的总体评价并不理想，农户评价农地确权政策实施效果的影响主要来自年龄、文化程度、外出务工经历、农业收入所占比重、土地经营规模、村庄类型、农地确权政策了解程度、土地产权处置能力认知、土地产权交易能力认知及解决实际困难的作用。但不同生计类型农户对农地确权政策实施效果评价的影响因素存在差异。总体来看，影响纯农户与一兼型农户的的因素具有较大相似性，而影响二兼型农户与非农型农户的因素也具有较大相似性，这可能与农户的生计类型有关。

第三，农地确权积极促进了农户参与农地流转，提高了农户参与农地转出的概率和农地转入的概率。这一结果与李江一（2020）同样使用两年CHFS数据得到的结论存在差异，原因可能是本书研究的是耕地确权和流转问题，并且在变量选择等方面也存在不同。首先，农地确权通过释放农村剩余劳动力到非农产业，提高了农户参与农地转出的概率；农地确权通过激励农户农业生产投入，提高了农户转入农地的概率；农地确权通过降低交易费用，分别提高了农户农地转出和农地转入的概率。其次，在农户生计的调节作用下，农地确权对农地转入的正向影响加强。另外，农地确权对不同生计类型的农户农地流转行为的影响具有明显差异，农地确权后，非农兼业户和纯农户都有可能成为土地供给方，纯农户同时也是土地需求方。

第四，农地确权通过提高实际产权安全和感知产权安全，正向促进农户家庭人均收入；农地确权不仅自身对农户收入的正向作用显著，还通过促进农户家庭参与土地流转进而提高家庭人均收入，即土地流转在农地确权与农户收入间起到部分中介作用，且稳健性检验结果显示，农地转入和农地转出均在农地确权与农户收入之间起到中介作用；农户异质性在农地确权对农户收入以及土地流转对农户收入的影响中分别起到显著的正向调节作用，在较高农地依赖程度下，农地确权对农户家庭收入的正向影响将得到增强，土地流转在农地确权与农户家庭收入的中介效应也将得到增强。

第五，首先，农地确权政策的实施能够显著促进农民非农务工，相比未确权家庭，农地确权能够使受访者参与非农务工的概率提高约2.1个百分点。分样本检验结果表明，农地确权能够显著减少纯农户家庭成员非农务工的概率，却能够显著增加一兼型农户和纯非农户家庭成员的非农务工概率。其次，农地确权在家庭层面上对家庭劳动力配置的影响体现为，农地确权使纯农型农户中务农家庭成员的占比增加15.1个百分点，促使非农型农户非农务工成员占比增加5.05个百分点，显著抑制一兼型农户家庭成员外出务工比例和显著抑制二兼型农户的家庭务农劳动力投入与增加二兼型农户外出务工家庭成员占比。最后，农地确权通过促进农地转出减少了一兼型农户的务农比例、显著增加了一兼型农户劳动力外出务工比例；农地确权通过增强农户的资产融资变现能力，缓解家庭在农业生产或从事工商业经营等方面受到的融资约束，增大了纯农户劳动力务农比例，增大了二兼型农户以及非农型农户的外出务工比例；确权通过促进农业资本投入与农业技术投入显著增加了纯农型农户和一兼型农户的农业劳动力投入，抑制一兼型农户非农务工比例，减少了二兼型农户的农业劳动力投入，挤出了二兼型农户外出务工劳动力。

许恒周

2021 年 5 月

目　　录

第1章 绪 论

1.1 研究背景及问题提出

改革开放后，我国长期实行的家庭联产承包责任制取得了举世瞩目的政策效果，但同时也造成土地的细碎化和经营规模偏小等问题；不仅如此，城市化的推进使得地区农业生产副业化，耕地抛荒和闲置现象较为严重。农业发展的这一趋势不利于中国农业现代化的可持续发展，亟须通过土地流转和集中，实现农业规模化经营和培育新型农业经营主体。对此，我国在家庭承包责任制改革的基础上也实施了一系列配套政策，农村土地确权政策即为其重要内容之一。根据农地确权政策的发展历程大致可以划分为三个阶段：第一阶段是 1978～1996 年，这一时期的确权工作落实不到位，政策执行效果较差。第二阶段是 1997～2006 年，这一阶段主要重视农村土地承包经营权颁证工作以及颁发土地承包合同。第三阶段是 2007 年至今，我国农地确权的工作要求转变为建立现代农村产权制度体系，以促进农村土地制度改革。在前期农村土地确权试点工作的基础上，2011 年，国土资源部、中央农村工作领导小组办公室、财政部、农业部四部委下发《关于农村集体土地确权登记发证的若干意见》，决定全面启动农村土地确权登记颁证工作。2013 年《中共中央国务院关于加快发展现代农业进一步增强农村发展活力的若干意见》提出"用 5 年时间基本完成农村土地承包经营权确权登记颁证工作，妥善解决农户承包地块面积不准、四至不清等问题"。由此，新一轮农村土地确权在中央部署下有计划、有步骤地推进，相关确权的政策越来越具体化、明确化。相比前两轮的农地确权，新一轮土地确权不仅更加明确农户承包地的土地面积和空间四至，而且将更多具有物权属性的财产权能以法律形式赋予农民土地。

在实际工作推进中，从 2009 年开始土地承包经营权确权登记颁证试点工作，目前已进行了四个阶段：2009～2010 年以村组为单位，以 8 个村为试点，探索整村推进；2011～2013 年以乡镇为单位，在数百个县开展试点；2014 年以县为单位，首次在 3 个省份开展整省试点；目前已进入到第四个阶段，2015 年将江苏、江西、湖北、湖南、甘肃、宁夏、吉林、贵州、河南 9 个省份纳入"整省推进"的试点。试点实践表明，农地确权在保障农民财产权益方面起到了关键性作用，对促进农业发展、农民增收与农村和谐举足轻重，对改造农村微观经济组织，推动农村市场经济发展和城镇化进程，起到了十分积极的作用，为进一步推动农村改革与发展创造了必要条件。

然而，对农民来说，土地是"命根子"，承载着他们的希望，任何关于土地的制度，都会触动农民的敏感神经。而且，随着工业化与城镇化快速推进，在政策放宽、非农就业机会增加、农业比较效益下降等刺激下，大量农村劳动力向城镇非农产业转移，农户生计类型向非农化转型（Cramb et al.，2004；向国成和韩绍凤，2005），出现了不同生计类型的农民群体。虽然农地确权政策对不同生计类型的农户具有不同的用途和作用，但是农地确权的最终目的是使整个农村地区居民的福利及权益得到改善和保障，使不同生计类型的农户得到最大限度的满足及预期效应。由于不同生计类型的农户对农地确权及土地产权的需求存在明显的目标差异和心理偏好差异，对农地确权政策实施效果的感受和评价会存在显著的差别。因此，衡量农地确权政策是否达到了预期的理想目标，最有效、最可行的方法就是在考虑农户生计多样化的基础上，从农户视角对农地确权政策实施效果进行客观公正的评价，这对下一步完善及优化农地确权政策安排具有重要的指导意义。作为农地确权政策的最终受益者及感受者，农民要使自己的真实想法得以真正的体现，就必须对政府实施的农地确权给予评价，这也是农民评价政府部门成效的一个重要的衡量标准。充分考虑不同生计类型农户对农地确权政策实施效果的评价，充分尊重不同生计类型农民的需求意愿，对于健全和完善农地确权和土地制度具有重要的促进作用。

因此，本书以农地确权政策实施效果评价为研究目标，在实地调查的基础上，从农户生计多样化视角入手，探究农地确权政策的实施效果，并探索影响农地确权政策效果的主要影响因素，希望能引致相关主体在决策时更加关注不同生计类型农户影响因素的异同，为决策部门提供思路参考和理论支持。

1.2　研究的学术价值与实践意义

从 2008 年 10 月党的十七届三中全会开始，中央先后五次发文要求进行"农地确权、登记、颁证"工作，以期通过农地确权建立归属清晰、权能完整、流转顺畅、保护严格的集体土地产权制度，促进农地流转、增加农民财产性收入，从而激发农村发展活力及保障农民土地权益。但从上述既有研究动态来看，对该政策的效果评估研究还处于空白状态，所以本书的价值体现在以下两个方面。

1.2.1　学术价值

农地确权政策的本质是产权界定，它对农户的生产与交易行为具有多重影响效应。然而，产权制度设计仅提供了制度环境，更重要的是农户是否认同该制度设计，这一点将直接影响产权制度改革的绩效。本书从农户生计多样化视角出发，构建农地确权效果评估的理论分析框架并进行相关机理分析，在此基础上进行农地确权政策实施效果评估，拓宽政策效果评估领域，从理论层面深化农户行为与产权制度绩效的相关研究。

1.2.2　实践价值

在新一轮农村土地改革中，农村土地确权政策是基础，其政策绩效对于能否实现所有权、承包权、经营权三权分置、培育新型农业经营主体、推进农业现代化和城乡发展一体化等目标具有十分重要的决定作用。本书通过从农户生计多样化视角对该政策实施效果评估，重点对农户农地流转、农民增收及农村劳动力转移等方面进行分析，研究结果可为相关决策部门优化农地确权政策提供科学指导，并对下一步农村土地深化改革提供有价值的决策咨询。

1.3　国内外研究综述

当前学术界对农地确权政策的研究还比较稀少，由于农地确权政策主要通过依法确认和保障农民土地用益物权，建立健全归属清晰、权责明确、保护严格、流转顺畅的现代农村产权制度，增强农民对土地产权稳定性的预期及信心，所以，我们将主要从农地产权及政策效果评估两方面进行文献回顾。

1.3.1　国内外农地产权相关研究

农地是农业生产的基本要素，农地产权制度是农村土地制度的核心。自20世纪70年代以来，学者们对我国农地产权政策表现出极大的关注，尽管他们的学术观点仁者见仁，智者见智，但其丰富的思想内涵，为研究我国农地产权制度提供了丰富的营养。其研究内容可以归纳为三个方面：

第一，农地产权制度演进与改革研究。深化农村土地产权改革必须解决的带有根本性的问题是如何维护农民的土地所有权，保障农民的合法权益（许经勇，2008）。因此，从土地产权改革的方向看，应把重点放在夯实土地他物权、彻底物权化、以个体权利拘束公权力上，积极发展衍生地权工具及其相关联的产权交易（吴次芳等，2010）。何一鸣和罗必良（2013）研究发现，我国农村土地产权主体归属问题在立法方面已经表现出明显的清晰化走势，只是地方政府出于自身利益利用"公共利益"界定的模糊性随意使用农地征用权。游和远（2014）研究发现，基于农地家庭承包制，提高农户的地权收益权利，科学配置农地处置权利，是追求农地适度规模经营目标下更加合理的农地制度改革路径。可见，产权的完整化和完全化，即农地产权的个人化程度不断提高将是我国农地产权演进的趋势（郭忠兴和罗志文，2012）。农地产权制度变迁的过程是农地产权制度与制度环境不断耦合的过程，它以不断提升农地产权明晰程度且农民获得越来越充分的土地权利为导向、在制度边际上沿着既定路径持续进行着农地产权制度创新，并实现了农民与政府之间的良性互动（冀县卿和钱忠好，2019）。农地确权可以使权利归属得以清楚界定，并使农民的地权得到合法表达，进而可以提高产权的安全性（陈令国等，2016）。农地确权内涵体系的逻辑结构至少有三个层次，即产权性质确认、产权框架或三权分置式确认、产权核心或农户承包权确认。农地确权清晰化进程，本质上是农地确权理念的共识达成和农地确权关系的均衡达成（严小龙，2019）。

第二，农地产权稳定性（安全）及其绩效研究。目前，有关研究表明，增强土地产权稳定性、签订发放书面证书能够促进农地流转市场的发展（韩俊和张云华，2008；叶剑平，2010；马贤磊和曲福田，2010）。如仇童伟等（2020）研究发现，稳定的农地产权不仅会激励非熟人间的流转和提高农地租金，也会激励熟人间的营利性交易，并提高该类交易的农地租金。由此表明，稳定的农地产权有助于激励农地流转市场化。此外，众多学者针对我国土地产权稳定性与农民的投资积极性进行了实证分析，大多数研究认为土地产权的不稳定对于农民的投资激励或土地利用有着负面影响（姚洋，2020；俞海等，2003；黄季焜和冀县卿，2012；Gao L. et al.，2017；郜亮亮等，2013）。但也有研究认为土地承包权的不稳定性对于农业生产的负面影响并不那么明显（Kung and J. K.，2000；陈铁和孟令杰，2007；钟甫宁和纪月清，2009）。胡雯等（2020）研究发现，农地产权不直接作用于农户投资决策，而是通过农地流转的要素配置行为间接激励短期化（服务外包）和长期化（自购机械）的投资行为；产权稳定改善了农户配置耕地的灵活性，转入农地的农户更倾向于长期化投资，转出农地的农户短期化投入更显著。为了追求效率和减少贫困，许多发展中国家都十分关注土地登记发证及提高土地产权安全性等工作（Adenew et al.，2005）。众多研究表明，通过实行土地登记发证、增强土地产权稳定性能在一定程度上提高农业产业绩效和对土地投入的积极性（Fort，2008；Bouguet，2009；Camille et al.，2010；Sklenicka et al.，2014）。Hare（2013）分析了越南农地产权制度改革的起源与影响。通过研究发现，导致产权私有化的出现条件与农村集体土地使用证书的拥有比例相关。

第三，农地产权认知及农地确权的影响研究。根据产权理论，明晰产权可以促进自发的市场交易，而模糊的产权配置或对产权模糊的认知会阻碍自发的对双方有益的交易。如果农民对农地产权的认知存在偏差，势必会影响农地流转（曾福生，2012）。一般而言，农民认知水平越高，农地制度边界就越小，制度效率就越高（徐美银和钱忠好，2008）。陈胜祥（2009）也发现，农民对土地所有权的认知并非是通过法律文本宣传教育的结果，而是农民作为农地制度认知主体自主建构土地产权象征意义的过程。张沁岚等

（2014）通过实地调研也发现，农户的确权意愿非常高，超过90%的受访者希望能尽快确权，而且半数以上认为应当确权到户，借此重新厘清与集体组织的关系，确保自己合法的土地权益。

随着农地确权工作的深入推进，也有学者开始探讨农地确权的具体影响，包括对农地流转、农户收入甚至农村劳动力转移。关于农地确权对于农地流转的影响，有学者认为，农地确权政策能对农地流转产生显著的正向影响，但是村庄农业资源禀赋并不完全是农地流转实践可行的依赖条件，农地确权政策作用效果还受限于农村产业比例构成；对于农业产值比重较大的村庄，实施确权政策的作用效果不明显（李静，2018）。黄佩红等（2018）研究发现，确权使农地转出可能性降低7.3%，户均转出面积减少0.66亩，转出租金每亩提高44.9元/年；使农地转入可能性提高1%，但对转入面积和租金率无显著影响。建立高效农地流转市场，仅通过确权并不够，还需加快职业农民培育与农业现代化，坚持市场构建、主体培育和行业优化三管齐下。林文声（2017）等的研究结果表明：农地确权在整体上并不影响农户农地转出，但会抑制农地转入；对于发生过农地调整、有公交车到达以及农业机械化程度较低的村庄，农地确权更能促进农户农地流转；农地确权通过农业生产激励和交易费用机制抑制农户农地转出，并通过交易价格机制对其产生促进作用；农地确权通过农业生产激励促进农地转入，并通过交易费用机制对其产生抑制作用。胡新艳和罗必良（2016）的研究表明：从农户转出的实际行为来说，确权尚未产生显著性影响；就农户的选择意愿而言，确权会显著促进其流转意愿，确权对农户提高流转租金、采用正式合约具有显著性正向影响，确权会诱导农户合约短期化、对象选择非身份化的意愿取向。从总体上看，确权会促进农户农地流转行为从关系情感转向理性计算，从非市场化转向市场化。许庆等（2017）研究结果表明，在其他条件不变的情况下，农地确权不仅使农户的农地转出概率显著提高，明显增加流转面积，而且有助于保障农户的权益，激励劳动力外出就业，进而推动农地流转。李江一（2020）研究发现，农地确权主要通过强化农地产权保护而直接促进了农地出租，其通过促进农村劳动力转移而间接促进农地出租的效应较弱。

此外，也有学者开始关注农地确权对农民收入和农村劳动力转移的影响。李哲和李梦娜（2018）的研究结果表明：农地确权能直接增加农户家庭的总收入和财产性收入，但并未对农业生产收入产生直接促进作用；农地确权通过产权经济激励促进农户家庭的农业生产收入，并通过土地交易价格对财产性收入起促进作用；农地转入和农地转出均能提高农户家庭的总收入，但农地确权仅通过农地转出实现总收入的增加。而许恒周等（2020）发现，农地确权能够显著提高农户家庭收入，并通过农地流转促进农户增收；农地依赖度在农地确权的收入效应机制中起到正向调节作用，随着农地依赖度的增强，农地确权对农户家庭收入的促进作用更显著，并且农地流转对农户收入的促进作用也更显著。农地确权对农村劳动力非农就业比例具有显著的正向影响，且通过提升农地产权强度、增强农地产权稳定性预期、提高农地产权排他性能力直接促进（陈江华等，2020）。也有学者认为，确权对劳动力转移存在两种效应：转移成本效应和生产率效应。当产权得到初步强化时，生产率效应超过转移成本效应，劳动力选择增加农地投资，继续留在农业部门；当产权强化到一定程度时，转移成本效应超过生产率效应，劳动力选择租出农地并向二三产业转移（张莉等，2018）。而唐超等（2020）则从农地确权的方式出发，分析了其对农村劳动力转移的影响，结果显示，农地整合确权有利于农村劳动力就地转移。詹弗里等（Janvry et al.，2015）针对墨西哥的实证分析发现，土地确权显著促进了农村劳动力转移，而确权前农地产权不安全和非农就业机会多的地区这一影响更明显。但是也有学者有着相反的观点，布劳和穆勒（Brauw and Mueller，2011）研究发现，土地产权可转让性提高对劳动力转移有一个很小的负向影响，土地产权完善会促进对农地的资本和劳动投入，从而抑制劳动力转移。

1.3.2　国内外相关政策效果评估研究

目前学术界对农地确权政策的效果评估研究还处于空白状态。但对于与农地确权政策相近的退耕还林政策、农业补贴政策、新农合政策等实施效果评估，已有不少学者进行了相关的探索和研究。其主要内容可归纳为以下两方面：

第一，关于政策效果评估方法的探讨。田秀娟等（2010）以新型农村合作医疗对医疗卫生机构影响的研究为例，结合国际上有关项目（干预）效果评估的理论与方法，阐述因果效应、内部有效性等政策效果评估的有关概念，并介绍准实验设计、自然实验、倍差模型、倾向得分匹配等政策效果评价领域的经典理论和最新研究方法。海因里希（Heinrich，2009）研究德国农业环境项目（AEP）对农户农业产出影响时发现，农户是否参与 AEP 存在较明显的自选择，因此采用半参数回归的倾向评分匹配法来减少选择偏差。林奇等（Lynch et al.，2007）采用非参数回归的倾向评分法分析美国马里兰地区实施的农地保护项目（MALPF）对农产品销售价格的影响。针对中国退耕还林的研究，常用基于农户退耕前后个体数据所构成的面板数据，通过引入虚拟解释变量，采用面板回归或倍差回归（DID）的方法。例如，内田等（Uchida et al.，2005）基于宁夏和贵州144户农户的调查数据，采用多元选择模型对影响退耕决策的因素进行分析；同时，采用倍差法对退耕和非退耕两组户净收益进行分析。阮荣平等（2020）则采用断点回归设计估计了我国新型农村社会养老保险的实施效果。

第二，关于对政策实施绩效的具体探讨。朱长宁、王树进（2014），采用双重差分模型定量评估退耕还林工程实施对当地农户收入的影响，结果表明，退耕还林工程的持续推进及配套政策措施的出台，对增加农民收入、促进非农就业和改善农民生计都产生了较为显著的正效应。但也有部分学者认为退耕还林工程实施的效果未能达到预期目标，认为退耕还林工程在促进农民增收和农业产业结构调整方面作用很小，对非农就业的促进效果也不理想（易福金和陈志颖，2006；李树苗等，2010）。钟甫宁等（2008）分析了农业补贴政策的收入分配效应，实证研究发现，农业税减免和粮食直接补贴政策的主要作用是提高地租，增加土地所有者的收入，而对资本和劳动的价格影响不大。陈美球等（2014）实证分析了农业补贴政策对农户耕地保护行为的影响，研究表明，农业补贴政策总体上对农户耕地保护行为具有一定的促进作用，但不同农业补贴政策对不同类型的农户耕地保护行为其激励效果不一样。许庆等（2020）研究发现，农业支持保护补贴主要是通过促进规模农户转入土地从而作用于粮食生产的。特别是对于纯粮食种植户，农业支持保护补贴不仅提高了农户转入土地的概率，而且扩大了农户转入土地的面积，这肯定了农业支持保护补贴对农地流转的积极作用。

1.3.3 文献述评

从上述文献回顾来看，既有研究主要对农村土地产权制度演进变革、农地产权稳定性的相关绩效影响研究，近年来逐步开始有文献关注农地确权对农地流转、农村劳动力转移的影响进行研究。在对政策实施效果评估时，主要采用倍差法、倾向得分匹配法进行了定量分析。而对于农地确权政策的实施效果评估则鲜有学者进行探讨。农地确权政策的目标是要通过明晰土地产权、促进要素自由流动、增强农村自我发展能力。因此，评价其政策实施效果也应该主要从农地流转、农民收入、农村劳动力转移等方面来检验。

首先，从既有研究来看，目前已有零星文献开始关注农地确权对农地流转及劳动力转移的影响，但缺乏系统性的理论机理分析，没有全面系统性的实证检验农地确权政策实施效果，即农地确权是如何从理论上影响农地流转、农民收入、农村劳动力转移？其实际效果如何等？而这也正是本报告的研究重点及创新之处。

其次，已有文献在进行相关研究时，基本没有考虑到农户异质性的影响，即在进行评价农地确权政策实施效果时，应该考虑到不同生计类型农户的特征，这样可以更加精确和全面地衡量农地确权政策的实施效果。尤其是农地确权对于不同生计类型农户的农地流转行为、收入效应及劳动力转移决策等方面的研究基本处于空白状态。而这也正是本书的另一个创新点，即研究视角的新颖性。

最后，从研究方法来看，采用 Logit 模型、Heckman-Probit 两阶段模型、多元回归模型、倾向得分匹配法（PSM）、倾向匹配双重差分模型（PSM-DID）等分别测度农地确权政策对农户农地流转、农户收入、农村劳动力转移等方面的实际影响效果。在研究方法上具有一定的探索性。

1.4 研究目标与研究内容

1.4.1 研究目标

本书总体目标是从农户生计多样化视角出发，评估农地确权政策实施效果。具体来说，包括以下三个具体目标。

（1）农地确权政策对农地流转、农民收入与农村劳动力转移的影响机理是什么？

（2）从实证层面验证农地确权政策是否有助于农村土地流转、农民收入增加、农村劳动力转移？该政策实施效果如何？

（3）如何进一步提升农地确权政策的实施效果，探寻优化农地确权政策实施效果的政策路径。

1.4.2 主要研究内容

农地确权旨在通过明晰土地产权，增强农民土地产权安全预期，促进农村土地流转，增加农民的财产性收入，促进农村劳动力转移。然而，实施效果并不必然与政策初衷一致，这还取决于农户对该政策的认知状况。在生计多样化的背景下，不同生计类型农户对农地确权的认知及期望存在差异，这势必会对农地确权政策实施效果产生一定影响，即农地确权到底能否促进农地流转、增加农民收入、促进劳动力转移，这也是评估农地确权政策实施效果的主要内容。故本书将从农户生计多样化视角出发，遵循"产权安排—农户认知、响应—实施效果"的逻辑主线（见图 1-1），系统分析农地确权政策实施效果及改进路径。

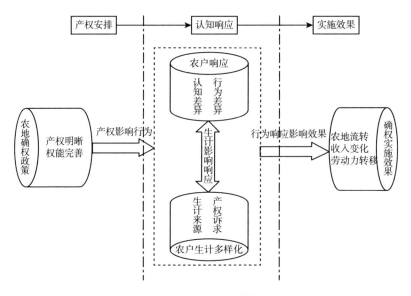

图 1-1 项目研究逻辑框架

（1）相关概念界定及理论基础分析。在对有关文献归纳分析的基础上，遵循"产权安排—农户认知、响应—实施效果"的逻辑主线，运用土地产权理论、劳动力迁移理论、经济行为理论、理性选择理论、农户决策理论等构建农户生计多样化视角下农地确权的实施效果，即对农地流转、农户收入、农村劳动力转移等方面的理论分析框架，尤其是关于不同生计类型农户、土地产权诉求及其对农户农地流转、农户家庭收入的内在机理分析，为后续的实证研究提供理论依据，从而提高研究的系统性和整体性。

（2）我国农地确权研究的热点分析与演化路径。为深度挖掘农地确权研究文献，及时分析与总结农地确权研究状况，准确把握农地确权研究热点和发展趋势等问题。本书基于 CNKI 数据库，借助可视化工具（CiteSpace），通过绘制科学知识图谱，对农地确权领域理论研究现状（包括文献年际变化、高产作者与机构网络、热点词聚类等方面）进行定量分析，梳理国内农地确权研究的发展脉络与研究热点，力图为进一步完善农地确权政策和深化农地制度改革提供借鉴。

（3）农户生计多样化视角下农地确权政策实施效果评估。土地制度改革是农村改革的核心。作为激活农村土地这一重要发展要素的基础性政策，近年来农村土地确权被寄予了最大关注和期望，甚至被称为"二次土改"。为从农户层面考察农地确权政策的实施效果，本书基于农户问卷调查数据，从农户生计多样化视角入手，采用 Heckman-Probit 两阶段模型，对不同生计类型农户关于农地确权政策实施效果的评价及影响因素进行了实证分析。

（4）农地确权对不同生计类型农户农地流转的影响效应。农地流转是农村土地制度改革的必然趋势，是助推乡村振兴战略实施、实现农业农村现代化的重要路径之一。随着城镇化进程的快速发展和农地确权工作的不断推进，农民是否参与农地流转已经成为社会和政策关注的热点问题。为此，本章在梳理相关文献的基础上，基于 2013 年和 2015 年中国家庭金融调查数据（CHFS），采用二元面板 Logit 模型检验农地确权对农户农地流转行为的影响及其作用机制，同时甄别农地确权对不同生计类型的农户农地流转行为的影响，并用 2015 年的截面数据进行稳健性检验。

（5）生计多样性视角下农地确权的收入效应研究。农地确权作为农村土地产权制度改革的一大重要举措，对完善土地流转市场、促进不同类型农户家庭收入有重要的积极作用，但鲜有文献将土地流转和农户异质性同时纳入农地确权对收入的影响机制中。因而，本章在已有研究基础上，对农地确权、土地流转、农户收入与农户异质性之间的关系进行文献综述并提出研究假设，利用 2015 年 CHFS 数据，借助 Logit 模型、OLS 回归等方法，采用有调节的中介效应模型实证检验农地确权通过土地流转对农户收入的影响机制，并分析土地流转和农户异质性在其中所发挥的中介、调节作用。

（6）生计多样性视角下农地确权对农村劳动力转移的影响分析。随着农地确权工作的基本完成，如何进一步发挥农场土地承包经营权确权政策的制度绩效成为学界关注的焦点，其政策效果发挥对于能否实现农村土地三权分置、城乡统筹发展等目标具有决定性的作用。其中，发挥促进农村劳动力非农转移的制度绩效是当前和今后政府促进农民增收和消除贫困的重要举措之一，因此，本书聚焦于劳动力配置的层面，讨论农地确权政策对农村劳动力就业的影响和机制。以农地确权政策的实施为逻辑起点，基于农户生计多样性视角，深入探讨确权影响异质的内在机制，考察农地确权在不同生计类型农户劳动力流动过程中发挥的重要作用，在此基础上提出后续优化农地产权制度改革效果的政策路径。

（7）提升农地确权政策实施效果的路径优化研究。通过前文构建的"农地确权—中间传导机制—农地流转/农民收入/劳动力转移"理论框架、影响机理研究以及实证分析，本书将通过顺畅农地确权对农地流转、农民收入以及劳动力转移的机理，有针对性地提出相应的优化路径，从而最大限度地提升农地确权政策的实施效果。

1.4.3　研究重点与难点

重点：（1）农地确权政策实施效果的作用机理是什么？（2）农地确权政策是否促进了农地流转？（3）农地确权政策是否增加了农户收入？（4）农地确权是否促进了农村劳动力转移？

难点：（1）既然从农户视角来分析农地确权政策实施效果，那么，如何保证获得农户数据的科学性和准确性；（2）农地确权政策的实施效果评估是通过实证模型来测度，所以如何合理选择模型参数及确保参数科学就成为本书研究的另一个难点。

1.5　研究思路与研究方法

1.5.1　研究思路

本书在对文献回顾和理论梳理的基础上，首先构建农户生计多样化视角下农地确权政策实施效果评估的理论分析框架，在此基础上通过农户问卷实地调查搜集不同生计类型农户对农地确权政策的主观认知及态度。然后，利用调查数据，构建数学模型，通过农地确权对农地流转、农户收入、农村劳动力转移等方面的具体影响来测度农地确权政策的实施效果。最后，基于实地调查和实证结果，设计出提升农地确权政策实施效果的政策路径和对策建议。本书将整个研究主要分为四个阶段，即数据文献收集阶段、理论分析框架的研究阶段、认知及实施效果评估阶段、政策设计创新阶段，研究技术路线见图 1 - 2。

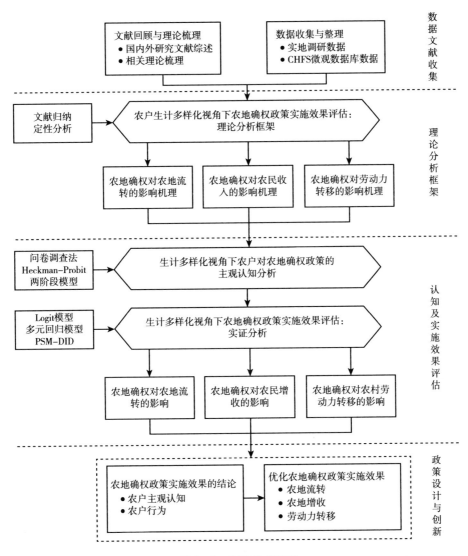

图 1 - 2　研究技术路线

1.5.2 研究方法

本书采用定性和定量相结合、多学科交叉的理论研究方法。

具体而言，采用的研究方法主要有：

（1）文献回顾法。文献检索和阅读是本书的前提和基础，本项目研究问题的提出以及研究构思都是建立在大量的文献检索和阅读基础之上。笔者除了阅读大量的国内有关农地确权、农地流转的规范和实证研究文献之外，还检索并阅读了国外有关土地流转、土地市场与制度方面的外文文献。这些文献为本书构思提供了很好的借鉴。同时，笔者通过对统计年鉴、统计报告、学术论文数据库和相关著作的查阅，了解我国当前农地确权及农地流转问题研究的现状，特别是研究区域城乡统筹发展过程中出现的特点和问题，为调查和研究的深入开展奠定了基础。

（2）案例访谈法。在设计问卷之前，为了对农地确权及农地流转的意愿和行为有深入的了解，笔者首先在小范围内进行了案例访谈，以了解农民对农地确权和农地流转的认知及需要。访谈的主要目的是为设计问卷提供基础。

（3）问卷调查法。在研究的前期准备阶段，笔者通过对调查区域实地调研，采用问卷调查的方式，实地了解农民对农地确权及农地流转的认知及流转意愿，为后续的深入分析研究提供第一手资料和部分观点来源。

（4）定量分析与定性分析方法相结合。定性分析通常用来对事物相互作用的分析中，在解决分析被研究对象"是不是"或"有没有"这类问题的时候常常被用到。它也有两种类型：一种是建立在严格推理的定量分析基础之上的定性分析，另一种是研究结果本身就是需要定性的描述和解释。

与定性分析一样，定量分析方法也属于研究领域内的方法学体系。定量分析主要是依靠可以量化的标准去衡量事物，根据定量分析可以使人们对研究对象的把握和认识进一步深化、精确化，以便更加科学地把握事物本质，揭示内在规律，理清逻辑关系，预测事物的发展方向。在科研工作中，定量的分析方法主要有统计分析与测量方法，统计分析方法有可以进一步细分为描述性统计与推断性统计。定性分析与定量分析他们的共同点在于，两者的主要目的都是为了获取证据充分的符合实际的科学的研究结果；而两者的不同点就在于，定性研究主要侧重的是自然情形之下的主观方面的内容，而定量研究则是比较注重对数理化等客观指标的实际验证。

本书主要运用统计分析和计量经济模型方法，如 Logistic 模型及多元回归模型、Heckman-Probit 两阶段选择模型、倾向得分匹配法（PSM）、倾向匹配双重差分模型（PSM-DID）等。

1.6　可能的创新

本书可能存在的创新之处主要体现在以下三点：

（1）研究视角方面：以往有关农地流转或农户研究的文献大都将农户看作高度同质的整体，但现实已经发生了变化，农民已经演化为高度异质的群体。本书将以农户生计多样化为切入点，探讨不同生计类型农户对农地确权政策的认知及政策实施效果，从而在一定程度上拓展了农地确权的研究范围。

（2）学术观点方面：虽然已有学者开始对土地产权与农地流转、农民收入方面进行研究，但基本都没有考虑到农地确权政策的实施，以"还权赋能"为核心的确权政策势必对农民的产权预期及后续行为决策产生影响，如农地流转、农民收入、农村劳动力转移等，而现有文献没有对确权政策实施效果进行评价，同时，已有研究缺少不同生计类型农户对农地确权政策的审视和主观认知分析。

（3）研究方法方面：在政策实施效果评价方面，差分法（DID）已被广泛应用于税费改革、退耕还林等效果评估。但在本书中，为剥离其他因素对农户收入变化的影响，更加直观地测度农地确权政策对农户收入变化的影响方向和作用程度，同时，为克服样本选择偏差与内生性问题，尝试性选用倾向得分匹配法（PSM）、倾向匹配双重差分模型（PSM-DID）等方法来测度农地确权政策实施效果，并采用 Heckman-Probit 两阶段选择模型从农户层面直观评价农地确权效果。

第2章 相关概念界定与理论基础

为了更加准确和科学地分析研究内容，在进行正式的理论分析与实证研究之前，有必要对相关概念及基本理论进行界定。因此，本章内容分为两个部分，分别是相关概念界定和理论基础。其中，主要对农地、农地确权、农地流转和新型农业经营主体进行了内涵界定；基础理论主要包括土地产权理论、制度变迁理论、经济行为理论、理性选择理论和农户决策理论等。

2.1 相关概念界定

2.1.1 农地

农地有两种主要的理解方式：一是农村土地；二是农用土地。《中华人民共和国农村土地承包法》指出，农村土地是指村集体和国家所有按照法律规定归村集体使用的土地。范围包括耕地、林地、草地以及其他依法用于农业的土地。《中华人民共和国土地管理法》指出农用土地指包括耕地、林地、草地、园地等直接用于农业生产的土地。可见农村土地范畴更广泛，包括了农用土地和农村建设用地。本书界定农地仅指村集体发包给农民的耕地，不包括林地、农村集体建设用地以及农村宅基地等其他农村土地。

2.1.2 农地确权

在目前的农村土地制度改革中，农村土地确权是中央政府大力推行的政策，其基本出发点是保护农民利益，主要目的是加速中国农村土地制度改革、促进农地集约经营、提高农地流转的效率，并且在一定程度上促成中国农村土地市场的最终形成。

农村土地承包经营权确权是指在农村土地所有权登记发证的前提下，以现有的土地承包合同、权属证书和土地所有权登记成果为依据，并利用先进的科技手段，进一步查清农民承包地块、面积和空间位置，建立健全土地承包经营权的登记簿，依法赋予农民充分有保障的土地承包经营权。

农村土地承包经营权确权就是以确权颁证的形式，对农民承包面积不准确、四至不清等问题进行文本明确和合理解决，这种颁证过程实质上就是物权登记的过程。要加快土地经营权的自由流转，有偿退出土地承包权，推动生产要素的流动，其中一个前提条件就是必须实现土地承包经营权和经营权的分离，只有如此才可以最终使农民土地承包权、经营权实现财产化。本书特指的是农地承包经营权确权。

2.1.3　农地流转

当前，农村土地流转已经成为解决农村问题，甚至"三农"问题的重要切入点，不仅是当前学术界研究农村土地问题的焦点，也是政策决策部门比较关注的问题，而且在实践层面上各地政府也在积极地探索推进。但是，无论是理论研究中，还是实践探索中，都没有对农地流转的内涵达成统一认识。因此，为便于本研究，有必要对"农村土地承包经营权流转"的基本内涵进行界定。

农村土地承包经营权流转，是农户将自己通过承包获得的土地承包经营权转移给其他农业经营主体，如个体农户、种植大户等，旨在通过流转的方式将分散的、细碎的土地集中起来，实现土地规模化、机械化经营，提高农业生产效率。农地流转的本质是土地经营权的流转，农户保留了土地承包权。《中华人民共和国土地承包法》指出，农地流转的形式包括转包、出租、互换、转让、股份合作等，流转收益归承包方所有。本书所选取的农地流转形式为出租形式，不涉及转包、互换、股份合作等其他流转形式。

2.1.4　农民收入

农村经济发展的一个重要体现就是农民收入水平的提高，作为衡量乡村经济发展的重要指标，农民收入具有重要意义。随着农业产业的结构性调整、农村土地制度的不断完善，农民收入也越来越多元，一般来说有两种划分标准。一是按照收入结构划分，可以分为工资性收入、经营性收入、财产性收入及转移性收入四个部分。其中，工资性收入是指农村居民受雇于单位、个体农户、个体工商户等，或从事自由职业所获取的劳动报酬及各种福利，如外出务工、受雇于乡镇企业所获得的收入；经营性收入是指农村居民从事第一、第二、第三产业的生产经营活动所获取的收入；财产性收入是指农村居民将其所拥有各类资产（如土地、住房等），通过出租、投资等方式，以红利、租金等形式作为回报而获得的收入；转移性收入是指国家、单位、社会团体或个人向农民支付的各种转移收入，包括养老金、社会救助以及其他家庭成员给予的收入等。二是按照收入内容划分，分为总收入及纯收入两部分。总收入是指在一定时期内（一般为一年）农村居民通过各种途径所获取的全部收入总和；纯收入是指将总收入扣除生产、生活等支出之后的收入总和。本书中的农民收入按照收入结构划分。

2.1.5 农村劳动力转移

农村劳动力转移，一般包括产业层面的转移和地域层面的转移。其中，产业层面的转移是指农村劳动力离开农业部门去非农部门就业，即工作的性质发生了变化；地域层面的转移是指农户的工作地域由本地转移至外地。本书所指的农村劳动力转移主要是产业层面的转移，既包括完全从事非农工作的非农劳动力，也包括既从事非农工作也从事农业生产经营的兼业农户。

2.2 理论基础

2.2.1 土地产权理论

土地产权理论主要是指马克思的土地产权理论。马克思土地产权理论已经形成一个完整的科学的理论体系，包括土地所有权以及由所有权衍生出来的占有权、使用权、处分权、出租权、转让权、收益权、抵押权等多种其他权利，还包括地租理论、交易商品化和配置市场化理论等内容（洪名勇，1998）。其中，土地所有权是土地产权中最基本、最重要的权利，是土地产权的核心，决定了土地产权的根本性质。马克思指出，土地所有权既可以由统一的一个产权主体行使，也可以分离出各项权能由不同的经济主体行使，当由不同的经济主体行使权能时，土地终极所有权主体必须向各经济主体索取地租，从而使土地的所有权在经济上得以实现（陈晓枫，2018）。在地租的作用下，土地逐渐演变为一种交易品，土地权能被有偿使用，并且会随着商品经济的不断发展而更加深入，同时促进土地产权配置市场化发展（李一苇和丁春燕，2019）。

新中国成立至今，我国的土地产权制度也经历了一系列变革。在新中国成立初期，土地制度在经历一系列探索改革之后，最终确立了社会主义公有制的土地产权制度，此时的土地所有权是由统一的产权主体行使。改革开放后实行的家庭联产承包责任制，将土地的部分权能分给农户，使土地的所有权与承包经营权分离，其中土地所有权归集体所有，承包经营权归农户所有。此后，家庭联产承包责任制不断发展和完善，土地的各项权能得以实现。1982 年颁布《全国农村工作会议纪要》明确提出实行家庭联产承包责任制，开始了第一轮的土地承包，这一阶段土地承包期限为 15 年（王启荣，1982）；2003 年《中华人民共和国土地承包法》实施，承包期限进一步延长至 30 年，并放活土地承包经营权，允许"通过家庭承包取得的土地承包经营权可以依法采取转包、出租、互换、转让或者其他方式流转"。2005 年颁布《农村土地承包经营权流转管理办法》进一步规范了农村土地承包经营权的流转行为。2014 年新一轮农村土地制度改革开始，土地的各项权能得以进一步实现。此次改革将土地承包经营权分为承包权和经营权，实行所有权、承包权、经营权"三权分置"，并修改了《土地承包法》，将"三权分置"的制度法制化，进一步促进了土地产权配置的市场化发展。

马克思的土地产权理论为我国土地制度改革、农地经营权流转提供了理论依据。土地不再是农户手中的不动产，而是转化成资本，土地的产权价值最终得以实现，也进一步促进了农民增收、农业增效。

2.2.2 劳动力迁移理论

1. 传统的劳动力迁移理论

传统的劳动力迁移理论是在古典经济增长的框架下发展起来的。劳动力转移的概念最早是由李嘉图（2013）在《政治经济学及赋税原理》一书中提出的，他认为劳动力转移的本质是劳动力在产业和区域之间的转换。此后，刘易斯提出了经典的二元经济发展理论，开启现代经济学关于城乡劳动力迁移理论的研究。

刘易斯（1954）将国家经济划分为传统农业部门和现代工业部门。刘易斯认为，在农业部门，农业生产的总产量受到土地、技术等要素投入的限制，同时由于气候等因素的制约，农业生产的不确定性和风险较大，因此整个部门的边际报酬是递减的；而工业部门则相对有较高的生产效率，技术水平的提升也很迅速，长期来看边际报酬是递增的。因此，农业剩余劳动力会不断从农业领域转入工业领域，直至所有的剩余劳动力全部进入工业领域，城乡差距逐渐减少最终消除。但刘易斯模型忽视了劳动力在两部门之间流动的前提是农业生产效率的提高以及有剩余产品的出现，且该理论无法解释城市存在的失业现象。

由于刘易斯二元经济发展理论存在不足，美国经济学家拉尼斯和费景汉（1961）提出了针对刘易斯模型修正之后的"拉尼斯—费景汉模型"。该模型假定在劳动力转移的过程中，农业生产率得到了提升，并以劳动边际生产率为界将劳动力的流动分为三个阶段。第一阶段为劳动力的无限供给阶段，此时劳动边际生产率为零，农业部门会存在大量剩余劳动力，他们会不断进入工业部门，这一阶段的劳动力转移会促进工业的发展，但不会影响农业产出。第二阶段为劳动边际生产率大于零但低于工业部门的工资，这一阶段农业劳动力会继续进入工业部门，但农业的总产出会降低。第三阶段为当劳动边际生产率与工业部门的工资相当时，劳动力的供应更加紧张，两个部门开始争夺劳动力，劳动力会流向工资水平更高的部门，而最终的工资水平是由市场来决定的。

修正之后的刘易斯模型虽然假定了农业生产率提升以及存在剩余劳动力的情况，但仍旧无法解释城市存在的失业现象。针对这一问题，托达罗对该模型进行了修正，提出了"托达罗模型"。托达罗（2017）的主要观点有：（1）劳动力迁移的动力是城乡预期收入差异，当城市的工作给予农户较高的收入预期时，农户会有迁移的意愿。（2）个体作出的迁移决策是多种因素的共同作用，个体会综合考虑迁移成本和机会成本，也会受到劳动力质量、进城之后找到工作的概率以及获得的收入等现实情况的制约。后来的学者从多方面对"托达罗模型"进行实证分析，证明了其有效性。

2. 新劳动力迁移理论

传统的劳动力迁移理论注重个体决策，而新劳动力迁移理论则更注重家庭决策。新劳动力迁移理论认为家庭是基本的决策单位，家庭会以风险最小化和收益最大化为原则，作出成员外出或迁移的决策（Star，1984）。该理论主要包括两方面的内容：一是农业生产具有一定的风险性，当家庭没有购买相应的保险进行保障时，会让部分家庭成员外出务工或迁移以转移风险，同时能够使家庭的收入结构更加多元化，避免对单一收入来源的依赖。二是家庭的迁移决策会受到其所在群体收入分布的影响，即虽然家庭收入提高，但如果增长幅度不如参照群体，家庭仍会作出迁移决策（盛来运，2005）。

劳动力迁移理论为解释劳动力从农村转移至城市提供了理论基础。总体来看，农户作出劳动力迁移决策不仅是由于城乡工资差异的存在，同时也是人力资本、制度因素、社会因素、家庭决策等共同作用的结果。

2.2.3　经济行为理论

经济行为是人类社会最基本、最常发生的行为，人们的物质或精神需要通过生产、交换、消费、分配等一系列经济活动得到满足（董伟康，2003）。本书主要分析农户的经济行为。根据农户行为的特点，其经济行为主要包括生产投资行为、农业经营行为、消费行为、择业行为等，但其中最基本的经济行为是物质资料的生产。在整个物质资料的生产过程中，既包括播种、收割、日常管理等行为，也包括现金投入、物质投入、劳动力投入及新技术采用等要素投资行为（王倩，2019）。

早期关于农户经济行为的研究主要有三大理论流派（翁贞林，2008）。首先是以俄国农业经济学家恰亚诺夫为代表的组织与生产学派。恰亚诺夫提出了"劳动—消费均衡理论"。在这一理论下，农户既是劳动者也是消费者，农户的最优化选择取决于劳动辛苦程度与自身的消费满足两者的均衡，而非成本与收益的比较。其次是理性小农学派，这一学派沿用西方经济学中理性"经济人"的假设，代表人物是美国的经济学家 T. W. 舒尔茨，认为农户是与资本主义企业家一样的理性经济人，以追求利润最大化而作出生产决策并进行经济行为的选择（西奥多·舒尔茨，2006）。黄宗智是历史学派的代表人物，他以中国的小农家庭为研究对象，认为中国的农户既不是单纯的生计型农户，也不是只追求利益最大化，而是以维持生计和追求利润作为双重目标来进行经济活动和生产决策（饶旭鹏，2011）。

早期的农户经济理论多以西方国家的农户经济行为为研究对象。而中国的农业经济问题有其特殊性，国内学者提出农户的经济行为并不是一成不变的，在特定的制度背景、生活环境和社会变迁下，由于资源条件约束的不断变化，农户的经济行为也会作出相应改变。如郑风田（2000）提出的"制度理性假说"，他认为在不同的制度背景下，农户行为具有差异。在完全自给自足的制度下，农户是生产者和消费者的综合体，会将维持家庭生计作为经济行为的目标；在完全商品经济制度下，农户则会以追求利润最大化为目标；在半自给自足制度下，农户的行为具有双重性，即既以家庭生产又以社会生产为目标。

在各种经济形态融合发展的背景下，农户外出务工也成为常态，因此，半自给半商品化生产的农户占绝大多数，而职业分化也带来了农户经济行为的动态调整。对于纯农户来说，单纯以种植业为主，生产结构单一，收入有限且稳定性差；为了增加收入，部分农户会选择兼业，从事非农工作弥补农业经营的不稳定收入。当非农收入增加时，农户更有可能将土地进行流转，而纯农户也可能因为流转而进一步扩大土地规模，增加收入。农户收入的提高带来了农户消费行为、投资行为的增加，也进一步延长了农户经济行为链条。

2.2.4 理性选择理论

理性选择理论的理论基石是传统经济学中的"经济人"假设。这一假设是由古典经济学家之父亚当·斯密（1972）在《国富论》一书中提出的：假定人在一切经济活动中的行为都是合乎理性的，即都是以利己为动机，力图以最小的投入获得最大的满足。帕累托、马歇尔等人继承和发展了这一假设，并逐步在政治学、社会学等其他学科领域运用这一假设进行研究，理性选择理论由此诞生（卢学晖，2015）。

霍斯曼最早将"经济人"假设运用到社会学领域（刘少杰，2012）。他提出了社会交换理论，认为人们在社会交换行为中都试图以较低的成本换取较高的收益，同时霍斯曼认为人类的交换行为不仅仅存在于市场之中，人类的感情、赞同、尊重等情感行为也可以被作为交换的物质，但他们会通过各种方式实现低投入、高收益的目标。

科尔曼是理性选择理论的代表人物，他的著作《社会理论的基础》进一步发展了理性选择理论的内容。科尔曼（1999）提出了人的行动系统三要素：行动者、资源和利益。社会行动者是"具有目的的理性人"，其目的就是实现利益最大化；行动者在实现利益的过程中，会受到其自身拥有的资源，如财富、技术、情感、社会关系等资源的约束。当拥有的资源越多时，自身的利益目标就更容易实现，反之如果行动者拥有的资源较少甚至没有资源时，自身的利益就很难实现。行动者要做的是尽最大限度整合现有的资源实现利益目标。此外，科尔曼还提出人在实现利益的过程中必须在制度允许的范围内进行，即会受到社会规范、社会结构等制度约束。然而，科尔曼的理论建立在利益最大化的基础之上，认为人类是完全理性的，没有将情感、社会环境、个人偏好等因素考虑在内。

阿罗最先提出了"有限理性"这个概念，认为"人的行为既是有意识的理性的，但这种理性也是有限的"（邓汉慧和张子刚，2004）。赫伯特·西蒙（1989）是有限理性的代表人物，他认为现实世界充满复杂性和不确定性，而人获取信息、分析信息的能力有限，人们最终的抉择往往偏向"满意"而不是"最优"。以农村劳动力转移为例，在农户作出劳动力转移决定的过程中，由于就业信息缺失、资源禀赋等方面的限制，行动者并不是"完全理性"的，他会寻求一个自我满意或足够好的决策，而不是一个利益最优的行动。

2.2.5　农户决策理论

农户决策理论是用来分析农户生产、消费和劳动力供给的理论模型（张林秀，1996）。农户决策理论将农户的生产行为、消费行为和劳动力供给行为视为相互影响的整体，假设农户以追求效用最大化为目标，在面临时间约束、技术约束、要素约束等情况下，分析外部冲击对于农户行为和收益的影响（方师乐，2017）。

苏联的经济学家切亚诺夫（Chayanov）最早运用农户决策理论对农户行为进行研究。他以苏联自给自足的小农生产为背景，在劳动力市场缺失的假设下分析农民对劳动力在工作与休闲之间的时间分配行为，认为农户兼具企业、劳动者和消费者的特性，提出了农户生产和消费是"有条件的均衡"，即当农户认为其投入的劳动时间所产生的边际效用与消费一件商品的边际效用相等时，他会停止劳动时间的投入（张林秀，1996）。巴赫（Bacher）完善了切亚诺夫关于农户在工作和闲暇的时间分配理论，创立了新的农户经济学模型，肯定了农户是生产和消费的综合体这一观点，但他认为生产决策和消费决策是可以分开的，即以收入最大化为目标作出生产决策，在此基础上实现消费的最优化（王建英，2015）。日本的经济学家中岛（Nakajima，2017）将这一理论用于分析不同类型农户，拓展了理论的研究范围。中岛将农户分为纯劳动力户、纯消费农户和混合农户三种类型，对各类型农户的均衡条件以及农户行为进行了分析。巴纳姆和乡申（Barnum and Squire，1979）否定了切亚诺夫模型中不存在劳动力市场的假设，分析了劳动力迁移、要素价格以及技术变化对农户生产、消费行为的影响。钟等（Choong et al.，1981）进一步放松了模型假设，在模型中加入了家庭成员数，并允许农户种植多种农作物，探究在外部冲击下的农户行为变化。

农户决策理论与传统的消费模型以及劳动供给模型最大的不同是，在该理论中，农户既是生产者，也是消费者，并将生产理论、劳动供给理论以及消费理论结合起来研究外部条件对农户行为的冲击。后来的学者还将劳动负效用这一概念引入农户决策理论，区分了家庭自有劳动和雇用劳动，较好地解释了不同类型农户的经济行为（方松海，2008）。

由此，本书构建起农户生计多样化视角下农地确权政策实施效果评估的理论分析框架。具体地，参考中国社会科学院农村发展所 2002 年的划分标准，根据农户家庭农业收入占比由高到低将观测样本划分为纯农户、一兼型农户、二兼型农户和非农户进行讨论。

2.3 农地确权对农地流转、农民收入、劳动力转移的影响机理

土地和劳动力是农户最基本的生产资料，农地确权作为外生的制度必然影响对土地和劳动力的资源配置，并对农户收入产生影响。本书基于对已有研究的分析，通过构建农地确权对农地流转、农民收入和劳动力转移影响的理论分析框架，并识别其中的中间传导机制，形成"农地确权—中间传导机制—农地流转/农民收入/劳动力转移"的理论框架。

2.3.1　农地确权对农地流转的影响机理

1. 农地确权与农地流转

农地确权通过强化土地的产权价值和潜在价值促进农地流转。新一轮的农地确权颁证从法律的角度赋予农地产权，保证了农地产权的安全性，并达成了"确权是基础，流转为目的"的基本共识（周其仁，2009）。农地产权安全是推动农户流转土地的关键一环（仇童伟和李宁，2016）。具体来看，农地流转本质上是经营权的流转，而经营权流转的前提是要拥有稳定的承包权。通过农地确权，农户的地权权益得到根本保障，拥有了稳定的承包经营权，地权的排他性增强，降低了交易的不确定性和风险。因此，稳定的承包权进一步保障了农地经营权的顺利流转（胡新艳等，2019）。农地确权可以直接作用于农地流转，也可以通过部分中介机制对农地流转产生影响。

2. 农地确权、劳动力转移与农地流转

农地确权通过劳动力转移机制对农地转出产生积极作用。当前由于经济发展以及新的产业形式的出现，农户面临的非农就业机会增加，许多农户有从事非农工作的意愿。但如果农户的土地产权不清晰不稳定，农户参与非农就业就会面临失地的风险，对于很多农户来说失去土地就意味着失去了生活保障，这在一定程度上抑制了劳动力的流动（许庆等，2017）。在农地确权之后，地权的稳定性和安全性增强，农户不再担心有失去土地的风险，基于土地产权保障，这种经济发展所带来的劳动力流动性增强会对农地转出产生激励。随着家庭结构的小型化和家庭内部更明确的分工，家庭成员的劳动能力以及非农就业带来的收入增加，农户基于家庭收益最大化的目标会作出劳动力转移的决策，进而将土地转出（李静，2018）。

农地确权通过劳动力转移机制抑制农地转入。基于上述分析，由于城乡收入差异的存在，多数农户会选择外出就业或者兼业，这将增加家庭非农劳动力的比重，农业劳动力的比重则会下降。当农地经营规模不变而家庭劳动力结构发生变化时，从事农业生产的劳动力就会面临较大的压力（冯华超和钟涨宝，2018）。虽然"留守"土地的农户可以通过增加农业机械、雇用劳动力等缓解农业生产压力，但其成本较高，对于农地规模较小的农户来说农业经营纯利润会降低，因此，农户一般不会再转入土地扩大经营。

3. 农地确权、农业生产激励与农地流转

农地确权通过对农业生产的激励作用，影响农户的土地流转行为。一方面，农地确权通过提高农户的农业生产积极性，对土地转出产生积极影响。农地确权提高了土地的产权价值和地权稳定，激发农户从事农业生产经营的积极性，提高农户对未来收益的预期。特别是对于拥有劳动能力的农业生产能手、种植大户来说，他们会选择增加农业生产资金、劳动时间等要素投入，转入农地进行长期投资，增加农业收益（李金宁等，2017）。农地稳定的地权会增加农户对于农业经营的信心，农业生产收益的增加进一步强化了这种信心，因此农地确权通过对农户进行农业生产激励，对农地转入产生积极影响。另一方面，当农户对于农业生产经营的积极性得到提高时，其更倾向于转入土地获得更多收益，对转出农地产生抑制作用。

4. 农地确权、交易费用与农地流转

农地确权通过降低交易费用对农地流转产生影响。具体表现在完善市场信息、明确农地信息、明晰产权以及稳定地权四个方面。

首先，农地确权通过建立农地产权交易市场降低交易成本，推动农地流转。农地产权交易市场的建立为供需双方搭建了信息交流平台，避免了双方由于信息不透明等原因在搜寻、获取信息时产生较高的交易费用（周敏等，2017）。交易市场的成立有效降低了农户的交易成本，特别是搜寻信息的成本，进而推动了农地流转。

其次，农地确权通过明确农地信息降低交易费用，促进农地流转交易的达成。在农地未确权之前，转出方由于长期经营土地而具有信息优势，可能会利用这一优势产生的机会主义行为，甚至提高租金。但农地确权对土地的四至、面积、用途等进行了明确的测量和划分，信息透明降低了交易费用，使农地流转交易更加规范，推动了交易的达成（冯华超和钟涨宝，2018；李金宁等，2017）。

再次，农地确权通过明晰产权归属降低交易费用，对农地流转产生影响。农地确权通过颁发法律凭证对权属关系进行界定，解决了因村民多次转包某一地块或历史遗留问题等原因造成权属不明的情况，有效避免了土地纠纷的发生，降低交易成本，减少农户顾虑，增加流转信心（付江涛等，2016）。

最后，农地确权通过稳定地权降低交易费用，作用于农地流转。农地确权使产权固化，明确规定了农户和土地的权属关系，避免了部分村庄存在的农地调整问题（冯华超和钟涨宝，2017），增强农户农地流转的信心。

2.3.2 农地确权对农民收入的影响机理

新一轮的农地确权对农户承包地的土地面积和空间四至进行了重新测量和登记，并以法律颁证的形式赋予农户土地物权属性，农户承包地的财产价值得以体现。当前产业在不断融合发展，农民的就业结构也逐渐呈现兼业化、多元化的趋势，收入结构也趋于多样化。农地确权作为我国农村一项重大制度改革，对于促进农村发展、农民增收、农业增效具有重要意义。基于对相关文献和理论的梳理，本书认为农地确权通过推动土地流转、进行产权激励以及促进劳动力转移对农户收入产生影响。

1. 农地确权、土地流转与农户收入

农地确权通过土地流转行为优化土地资源配置效率，进而影响农户收入。具体而言，农地确权保障了地权的完整性，对提高农户对土地产权的认知、增强农户对地权稳定的信心、减少土地流转纠纷的发生、促进土地流转具有重要作用（Holden S. T. et al.，2011）。一方面，农地确权以法律颁证的形式将农户与土地的权属关系固定下来，农户转出土地不会面临失去土地的风险。因此部分农业生产技术较弱、农业劳动力较少的家庭在政策允许的范围内，综合考虑农业生产收益和机会成本后将自己的土地转出，获得租金收益，进而提高了农户的财产性收入。另一方面，对于有一定技术、人力、物质资本的农户来说，他们更希望扩大生产形成规模化经营，在产权稳定的情况下，土地纠纷相对减少，他们会更愿意租入土地，获得更高的农业经营收入，并且还可能获得农业生产补贴等，因而家庭总收入得以提高（许彩华和余劲，2020）。总体来看，农地确权为农地流转提供了产权保障，并使农地流向农业生产水平较高和土地需求意愿更强的农户，土地资源得到有效配置，同时随着规范的农地交易体系的建立，农地在市场机制和价格机制的作用下也会形成更为合理的市场价格，总体上提高了农业生产效率和交易双方的福利水平。

2. 农地确权、产权激励与农户收入

农地确权通过排他性约束、贷款抵押以及产权安全性对农户进行产权激励，进而促进投资增加农民收入（李哲和李梦娜，2018）。

首先，农地确权通过强化土地的产权排他性，对农户收入产生影响。具体来说，农地确权固化了农户与土地的权属关系，增强了土地的产权排他性，并且赋予农户自由交易土地的权利，使农户在土地交易过程中有一定的主导权。同时，由于农地确权将产权主体以法律的形式固定下来，农户对农地的各类投资收益独享，也保障了农户到期收回土地的安全性（杨宏力和李宏盼，2020），提高了农户投资土地的信心。农地交易市场的建立和进一步规范，使农地的价值得到提升，从而保障并进一步提高农户收入。

其次，农地确权通过赋予承包经营权抵押、担保的权能，缓解农户的信贷约束，对农户收入产生积极影响。具体来说，农户的承包经营权可以担保、抵押，使农地成为可以"流动"的资产，是金融机构认可的抵押物（杨宏力和李宏盼，2020），在一定程度上解决了农户"抵押难、担保难、贷款难"的问题，弥补了农户资金流动性不足的问题。农户可以将通过抵押贷款得到的资金用于扩大农业生产规模，或投资于其他产业经营，从而增加农业生产经营收入和其他收入（曹瓅等，2019）。

最后，农地确权通过保障农户产权安全，作用于农户收入。农地确权极大地提高了农地产权的安全性，避免地方政府或村集体因农地调整而造成权益损害，农户权益得到极大保障。对于非农就业不稳定的农户来说，当非农就业遇到阻碍时，农地产权安全性是其到期完整收回土地的有力保障（李哲和李梦娜，2018）；而对于非农就业较为稳定的农户来说，确权提高了产权强度，提升了农地交易价格，增加了农户流转土地的收入（林文声等，2017；Li L.，2012）。

3. 农地确权、劳动力转移与农户收入

农地确权通过推动劳动力转移影响农户收入。农地确权保障了农户的权益，降低了农户的转移成本，避免农户在非农失业后失去就业保障，从而对其从事非农就业起到了激励作用（许庆等，2017）。劳动力非农就业带来的收入增长是多方面的。

首先，农地确权通过推动劳动力转移，增加农户的非农收入。农地确权降低了农户在从事非农就业之后面临的失地风险，但由于城乡"二元"户籍制度的存在，农业劳动力在城市难以获得同等的社会保障等福利，很多农户无法实现彻底的转移，因此"兼业"成为劳动力转移的一种常见模式。农户根据家庭资源禀赋情况，以追求利润最大化为目标，作出让部分或全部劳动力转移的决策（程名望等，2018）。基于劳动力迁移理论，城乡收入差异预期是农户作出迁移决策的重要推力，因此，农户从事非农就业相对来说会获得较高的非农收入。此外，对于兼业农户来说，劳动力外出务工的部分收入也可以用于支持农业生产，在获得非农就业收入的同时也提高农业经营收入（王子成，2012）。

其次，劳动力迁移也可以在一定程度上增加农业经营收入。劳动力外流使农民积累了一定的人力资本、技术经验、资金、创业精神等（贺小丹，2020），而乡村的不断发展也在吸引部分农民工"回流"。如果最终回乡就业，一方面会将非农就业获得的资金投入农业生产，提升农业生产效率；另一方面，基于资本、经验、人才等要素的积累，部分返乡农民工会融合第一、第二、第三产业发展乡村经济，从而从整体上增加农业经营收入和农户收入（史新杰等，2019）。

2.3.3　农地确权对农村劳动力转移的影响机理

由于我国长期面临"人多地少"的问题，农业经营的收入相对较少，因此很多农户有外出务工的意愿。但在土地产权无法得到保障的情况下，很多农户从事非农就业就意味着可能会失去土地，对于很多农户来说就失去了未来生活的保障。农地确权不仅解决了农户承包地"四至不清，面积不准"的问题，更重要的是从根本上保证了农地产权的稳定，农户无须担心由于外出务工而产生的失地风险（李停，2016）。因此，土地确权能够刺激农户作出劳动力外出迁移的决策，但由于城乡制度差异、承包地的周期性调整等因素，农村劳动力存在不完全迁移的现象。具体来看，农地确权通过影响农地流转行为、缓解信贷约束以及促进农业资本投入，对农村劳动力转移产生影响。

1. 农地确权、农地流转与农村劳动力转移

农地确权通过影响农地流转行为释放了部分剩余劳动力，进而促进了农村劳动力转移。一方面，在农地产权无法得到保障的情况下，土地兼具生存和养老的双重保障功能。当农户有外出就业的意愿时，会担心存在失地的风险，从而失去未来生活的保障。但农地确权以法律的形式保障了农地产权的安全和稳定，农地的财产性功能增强；同时随着针对农户的各项社会保障措施的实施，土地所担负的生存和养老功能在减弱。因此，农地确权增强了农户的流转信心，土地的流转性得以增强（唐超等，2019），进而推动剩余劳动力外出就业。通过流转土地，部分被土地束缚的劳动力得以释放，优化了家庭资源配置，对于兼业农户和非农劳动力来说，其从事农业打工和非农就业的机会也会增多（韩佳彬等，2019），当其有外出就业的意愿时，更倾向

于作出迁移决策。

另一方面，农地确权通过减少土地流转的交易纠纷，进而降低农户外出就业的迁移成本，对劳动力转移产生影响。在农地未确权之前，村集体会通过行政权力对土地进行调整，损害部分农户权益。农地确权使得政府、村集体和农民三者的权利边界得以明晰，减少了因权属不清、土地调整等问题而产生的土地纠纷，有利于提高农民对农地的剩余控制权。当农户外出就业时，依旧拥有对所转出的土地的承包权，并且可以到期收回土地。因此，农地确权降低了农户外出务工的机会成本和迁移成本，保证了农户非农就业的稳定（史新杰等，2019）。

2. 农地确权、信贷约束与农村劳动力转移

农地确权通过缓解农户的信贷约束对农村劳动力转移产生影响。在农地确权之前，由于缺乏合适的抵押物，农民面临"贷款难、抵押难、担保难"的问题，农户很难依靠信贷扩大投资。农地确权赋予了农户土地抵押、担保权，完成了农地从资源到资本的转变（梁虎和罗剑朝，2019）。农户将农地的承包经营权向金融机构进行抵押获得贷款，将资金用于生产投资。

贷款获得的资金一般会有两方面的用途：一是将资金用于非农生产经营。农户将通过抵押贷款获得的资金进行自主创业，将资金投入农产品加工企业、个体工商业企业等，发展第二、第三产业，推动农村第一、第二、第三产业的融合发展。在为家庭带来非农收入增长的同时，以雇用、入股等方式吸引农业劳动力非农转移。二是将资金用于农业生产。对于部分农业生产能手、种植大户来说，在没有抵押物无法获得贷款时，就无法大规模经营，不能形成规模经济效应和机械化生产。当允许承包经营权作为抵押获得贷款时，他们可以将资金用来租入土地、购买农业机械等，以扩大农业生产规模，提高农业生产效率。而农业机械化和现代化的发展，加之劳动力成本的提升，很多种植大户对农业劳动力的需求减弱，进而促进部分剩余农村劳动力转移。

3. 农地确权、农业资本投入与农村劳动力转移

农地确权通过提高农户的农业资本投入，对农村劳动力转移产生影响，但对于不同类型的农户，农地确权对农户劳动力转移决策产生的影响不同。

首先，农地确权通过提高农业资本投入，对纯农户的农内转移产生积极影响。具体来说，农地确权提高了农地的产权价值，增强农户对于农业经营收益的预期，因此部分农户会有经营规模和强度扩大的需求，不断增加对农业资本的投入（李宁等，2020）。特别是对于纯农户家庭来说，由于农地确

权使其享有收益独享的权利，增加了其对未来收入的预期，进而会加大对技术、劳动力、土地等要素的投入。同时，由于农地的市场化程度提升和交易费用降低，农业专业化分工更加明晰，农内就业机会也会增大（唐超等，2019），进而促进劳动力的农内转移。

其次，农地确权通过提高农业资本投入，对兼业户的非农转移产生积极影响。虽然通过确权增加了农户对于农业生产的预期，提高了农业资本的投入，但根据边际报酬递减的规律，在经营规模和强度逐渐扩大的情况下，很多农户会选择增加对农业机械设备等要素的投入，而由于劳动力成本的提高以及劳动力数量的减少，农户会减少对稀缺劳动力资源的投入（张笑寒和岳启凡，2019）。此时，对于有从事非农就业意愿的农户家庭来说，农业专业化生产释放了部分劳动力，推动了兼业化农户家庭的劳动力非农转移。

第3章 我国农地确权研究的热点分析与演化路径

在农地确权政策的指引下，社会各界给予了高度重视，学术界则涌现大量研究成果。近十年，学术界将研究聚焦在内涵界定、政策效果以及路径和模式等方面，研究内容和主题不断变化并逐步深入。农地确权研究日益演化为一个多学科交叉、内容繁杂的知识领域。另外，在既有的大量相关文献基础上，如果能准确厘清农地确权相关研究不同时间段的研究主题、研究主题之间的相互关联以及研究趋势，系统分析其知识进化属性与特征，对推进农村土地制度研究及其治理具有重要的理论和现实意义，也可为国内农地制度改革研究提供理论参考。但以阅读、归纳法进行分析存在一定的局限性、主观性和片面性。现代科学计量学和信息计量学技术的应用可以对海量文献数据进行多元、历时性动态分析，科学知识图谱（Mapping Knowledge Domains）就是其中重要的一种文献分析和可视化的方法。目前，绘制知识图谱的工具很多，CiteSpace 软件是其中之一。因此，为深度挖掘农地确权研究文献，及时分析与总结农地确权研究状况，准确把握农地确权研究热点和发展趋势等问题。本章基于 CNKI 数据库，借助可视化工具（CiteSpace），通过绘制科学知识图谱，对农地确权领域理论研究现状（包括文献年际变化、高产作者与机构网络、热点词聚类等方面）进行定量分析，梳理国内农地确权研究的发展脉络与研究热点，力图为进一步完善农地确权政策和深化农地制度改革提供借鉴。

3.1 数据来源与研究方法

3.1.1 数据来源

本章以 CNKI 数据库为检索源获取样本文献数据，主题词设置为"农地"

并含"确权"或"农村"并含"确权"进行高级精确检索，来源期刊限定为 EI、核心期刊、CSSCI、CSCD，年限设定为 2008～2018 年，经初始检索和对比筛选，对会议、访谈、报告、征稿通知或与研究主题不相关等无关条目进行剔除，最终得到有效样本文献 579 篇。

3.1.2　研究方法

本章数据处理基于 CiteSpace Ⅳ 可视化工具，该软件是一款科学文献数据挖掘和可视化分析工具，提供对文献的共引分析、挖掘引文空间的知识聚类和分布以及作者、机构、国家/地区的合作共现分析等，是总结领域发展规律，挖掘经典基础文献并探索研究演化路径、热点主题与知识边界的有效文献计量工具（陈越等，2014）。研究选择每个时间分区中出现频次最高的前 20 项数据，分别将"作者""机构""关键词"作为网络节点类型，依次生成共现图谱进行可视化分析。

3.2　研究的基本特征分析

3.2.1　年度文献量统计分析

通过年度发表文献统计分析可以在总体上了解各年度文献发表情况及变化趋势（见图 3-1）。1998 年，农村土地"二轮"承包开始，农地确权的概念开始进入学术界的视野。由于开展过程中存在政策执行不到位等问题，使得农民承包经营权属关系混乱，确权工作并未得到很好的落实，理论学界仅有几篇针对地方纠纷调解问题的讨论。2008 年，党的十七届三中全会通过《关于推进农村改革发展若干重大问题的决定》，明确提出要给农民进行登记确权颁证，以使他们的土地权益获得制度保障，自此农地确权的相关研究开始涌现。2008～2012 年这一阶段该领域年平均核心发文量 14 篇，并保持较缓慢的增长。2013～2017 年核心发文量 29～123 篇，文献数量增长幅度最为明显，2013 年《中共中央国务院关于加快发展现代农业进一步增强农村发展活力的若干意见》提出全面开展农村土地确权登记颁证工作，相关研究进入高速发展阶段。农地确权问题越来越受到政府及社会各界的关注，此后各部委有关农地确权政策的具体实施要求也日益明晰。由此可以看出，农地确权的理论研究发展极大地受到了政府政策驱导。2017 年我国农地确权领域核心发文量达到峰值。随后 2018 年略有下降，有 94 篇。可能的原因是 2018 年为 2013 年《中共中央国务院关于加快发展现代农业进一步增强农村发展活力的若干意见》提出的"5 年时间基本完成农村土地承包经营权确权登记颁证工作"的时间节点，随着各地农地确权工作的完成，在此基础上进行的"三权分置"开始逐渐成为研究重点，后续研究主题趋为细化深入，以"农地确权"为关键词搜索到的文献数开始减少。

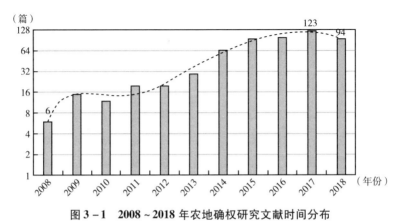

图 3-1　2008～2018 年农地确权研究文献时间分布

3.2.2　高产出作者及合作关系分析

由表 3-1 可知，农地确权为主题发文量排名前三位的罗明忠、胡新艳、罗必良，均来自华南农业大学，是该领域研究的中坚力量。其中罗明忠共发文 14 篇，被引频次最高的文献为《确权减少了农地抛荒吗——源自川、豫、晋三省农户问卷调查的 PSM 实证分析》（2017），该文基于实证研究阐述了不同确权政策阶段与减少农地抛荒间的逻辑关系。排名第二位的胡新艳被引频次最高的文献为《新一轮农地确权与促进流转：粤赣证据》（2016），研究采用倾向得分匹配法证实了确权对农户农地转出行为及意愿存在正向影响。罗必良以 10 篇的发文量居于第三名，他的代表文献《农地流转的市场逻辑——"产权强度—禀赋效应—交易装置"的分析线索及案例研究》对四川省崇州市的"农业共营制"进行案例剖析得出，推进农地流转及规模经营须针对产权主客体的交易约束进行相应交易装置的选择与匹配的结论（2014）。总体上看，目前我国农地确权领域的研究者较少，需要更多的学者加入。

表 3 - 1　　　　　　　2008 ～ 2018 年发文量 6 篇以上的作者

作者	发文量	作者	发文量	作者	发文量
罗明忠	14	桂华	8	陈东平	7
胡新艳	12	夏英	8	林文声	7
罗必良	10	曲颂	8		
高名姿	9	马智利	7		
宋才发	8	王志刚	7		
米运生	8	刘恺	7		

　　对作者进行共现分析得到图 3 - 2 的合作网络图谱，其中节点代表作者，节点字体大小代表作者中心性，节点形似年轮，轮环越大表示发文量越多，节点间连线代表合作关系，连线越粗，代表合作次数越多。分析共包含 607 个网络节点，480 条连线，网络密度为 0.0026，表示整体分布较为分散。合作关系较为紧密的有以胡新艳、米运生为中心组成的研究团队，罗明忠、刘恺、陈江华组成的研究团队，高名姿、陈东平、张雷组成的研究团队，曲颂、夏英组成的团队。他们的研究成果较多，学术影响也较大。

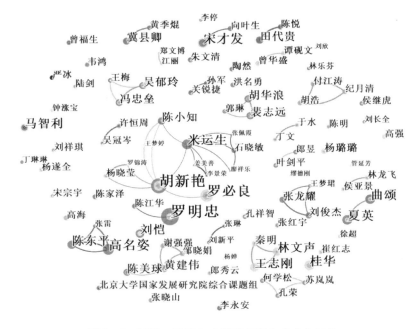

图 3 - 2　2008 ～ 2018 年农地确权研究者合作网络

3.2.3 研究机构合作统计分析

农地确权领域研究机构的合作网络图谱见图3-3。对主要文献作者所在的机构进行统计，能揭示我国农地确权领域的主要研究机构，并从侧面了解该领域中坚研究力量的分布情况。由图3-3可知，农地确权研究文献集中于农村发展研究相关的高校和政府研究机构。

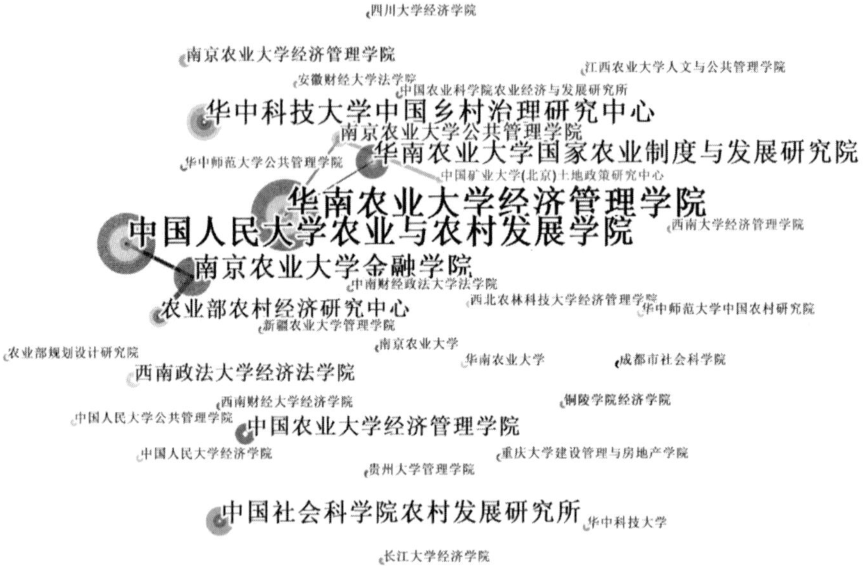

图3-3 2008~2018年农地确权研究机构合作网络

在具体发文数量方面，华南农业大学经济管理学院以22篇的发文量排在首位，其次是中国人民大学农业与农村发展学院，发表文献量共计15篇。这表明两所院校在农地确权领域具有较强的研究实力。其他发表文献较多的机构有南京农业大学金融学院等（见表3-2）。从节点间连线来看，连接强度较强的机构均为不同学校以农村发展研究为主的学院或农业机构，如华南农业大学经济管理学院、华南农业大学国家农业制度与发展研究院、南京农业大学公共管理学院和中国矿业大学土地政策研究中心、中国人民大学农业与农村发展学院、南京农业大学金融学院、农业部农村经济研究中心构成了较稳定的核心研究机构群。此外，发文量较为突出的研究机构中，农业院校是研究的主要力量。从合作关系来看，各科研机构间的合作有待进一步加强，且合作多集中在中央层面，地方性机构较少。农地确权工作开展情况与地方资源禀赋、相关利益团体认知等联系密切，故地方研究机构应与各高校、研究所开展紧密合作，提升领域内合作研究能力，以更好地适应国家的需求。

表 3 - 2　　　　　　　　2008～2018 发文量排名前十的研究机构

序号	机构	发文量
1	华南农业大学经济管理学院	22
2	中国人民大学农业与农村发展学院	15
3	南京农业大学金融学院	13
4	华中科技大学中国乡村治理研究中心	11
5	华南农业大学国家农业制度与发展研究院	9
6	中国社会科学院农村发展研究所	9
7	南京农业大学公共管理学院	6
8	中国农业大学经济管理学院	5
9	农业部农村经济研究中心	5
10	西南政法大学经济法学院	4

3.3　研究热点分析

关键词高度概括了文献的研究内容和观点，对一定时期内关键词进行统计，可以考察农地确权领域的研究热点。图 3 - 4 共包含 1032 个关键词。在此基础上依据关键词之间的共现关系及强度进行关键词聚类得到 16 个聚类标签——以农地确权为核心向多个方向发散——农地流转、确权登记、农村宅基地、三权分置、土地制度、确权技术等。本书基于以往学者的研究和知识图谱对相关研究热点进行存量总结、归纳整理，发现当前学者们对农地确权的相关研究主要集中在以下几个方面。

3.3.1　农地确权的内涵界定

相关文献围绕着权利约束的范围和边界展开了讨论，大部分学者认为农地确权并不等同于所有权确权，新一轮的确权应在厘清农地所有权与使

图3-4 2008~2018年农地确权研究关键词聚类

用权的基础上完备农村产权的权能（周其仁，2014）。钱龙和洪明勇（2015）认为确权即"稳定所有权，做实承包权"，政策实践应沿着强化农民土地承包权和塑造农民土地使用权主体地位的方向演进。杨宏力（2017）在此基础上增添了"放活经营权"的内涵要求。王连合（2015）认为确权仅仅是对农地权利进行确认，并非赋予集体和农民个体新权利。随着对确权政策认知的演替，其内涵仍在不断扩充与延伸。从政策文本定义来看，2013年党的十八届三中全会《中共中央关于全面深化改革若干重大问题的决定》指出，农地确权是指农户拥有的农地产权权能约束范围得到拓宽。随着农村改革的进行，我国的确权工作由赋予农民集体对农地的使用权、收益权和流转权等，转变为赋予农民个体对承包地的占有、使用、收益、流转及经营权抵押、担保权能。赋予的承包经营权中增加了占有、抵押两项权能。

3.3.2　确权制度改革相关问题

农村土地制度改革是近几年农村改革政策的重点，学者们主要围绕是否应该改革，改革应该遵循何种路径进行了多方面论述，相关研究涉及"三农"问题、城镇化、三权分置、土地调整、土地利用等关键词。"三农"问题的核心是农村问题，而农村土地产权制度改革是解决"三农"问题的关键环节（刘承韪，2012）。自 2014 年《关于引导农村土地经营权有序流转发展农业适度规模经营的意见》中正式提出坚持农村土地集体所有权，稳定农户承包权，放活土地经营权。我国农村建立起三权分置的制度架构，允许土地经营权自由流转。伴随着工业化和城镇化的步伐，增强土地产权的保障性和稳定性成为推进"三权分置"改革的关键。众多学者对农地确权的积极作用表示了肯定，确权工作被视为农村土地改革的基础（黄季焜和冀县卿，2012；严冰，2010）。而以贺雪峰为代表的自下而上范式的观点认为，确权可能导致土地碎片化，农地确权应该慎行，由于农民土地权利越大，集体行动越难，确权可能降低农民的权利意识，甚至可能造成反公地悲剧（贺雪峰，2013）。也有学者提出在民意基础不够坚实的情况下，若忽略农户对土地的心理认知及价值偏好的特殊性，政策主体不能因地制宜明确执行方案，过度强调"公平"而难以兼顾"效率"（李力东，2017），甚至可能出现"被产权"的实践逻辑（李祖佩和管珊，2013）。郎秀云（2015）开展实地调研发现当前农地确权加大了农业经营与土地流转的成本，增加了农业现代化的潜在成本，虚化了村集体组织的作用，引发乡村治理危机。更有学者认为应建立允许各种土地所有，包括允许私有的混合型土地制度。尽快允许土地自由交易、允许土地市场充分竞争，与市场经济体制相适应（文贯中，2014）。很多学者的分析表明，中国农地改革问题的核心不在于是否应该确权，而在于是否能够通过合理配置土地激活农村要素，提高劳动生产率，切实增加农民收益（李宁等，2017；盖庆恩等，2017）。因此，选择何种确权模式也是学者们争论的一个重要议题，理论学界与实践延伸出两种主流模式即确权确地与确权不确地模式（薛凤蕊，2014）。2015 年，《关于加大改革创新力度加快农业现代化建设的若干意见》对土地确权方式做了明确要求，将农村土地确权的两种模式调整为主次关系，顶层设计原则为确地到户，操作层面上分野出三种政策取向：依现有人口和土地使用状况确权、打破现状按人口重新确权以及采取折中方式，对当下模式进行微调后进行确权确利不确地（于建嵘和石凤友，2012；朱宁宁，2015；郎秀云，2015）。也有学者创新地提出采用"股权农地 + 保障农地"模式（吕军书和穆丽，2011）。严冰（2010）认为我国农地改革演进的逻辑遵循克服我国农地集体产权"不及性"效率问题渐次推进。总而言之，国家的制度安排总体上仍是朝着稳定土地承包关系，减少土地调整的方向前进的（冀县卿等，2014；丰雷，2013）。

针对确权颁证过程中出现的问题，众多学者采用了田野调查与问卷调查等研究方法，基于不同主体视角对当前确权登记发证工作进展进行了评估，提出应从政策支持机制、法律规范机制、监督动员机制三大策略着手（于建嵘和石凤友，2012；田孟，2015；于水和丁文，2016），通过国家管控和完善多项改革及制度保障来推进下一阶段确权工作的开展（马蕾，2018；陆剑和陈振涛，2017）。

3.3.3 农地确权政策效果探讨

随着研究的不断深入，众多学者围绕提高土地利用效率、农地流转、社会保障及农村金融等功能展开讨论，研究大多关注确权对农地流转的影响，确权促进流转成为学界的主流观点。诸多研究成果证明，确权增强了土地稳定性，能够提高农地资源利用效率，进而增加农地资源的市场增值潜能，农地产权明晰也有利于降低农地流转交易成本从而促进农地流转，更有助于降低农户土地减值的风险，激励劳动力向非农就业转移（许庆等，2017）。严冰（2010）认为，通过确权，农业将逐步走向规模经营，农村建设用地可以直接入市，推动我国农村土地制度的整体格局演进。实证研究的视角也颇为全面，石敏和李琴（2014）对农民土地流转的动因进行分析发现地权稳定预期有利于农地流转。还有学者认为，稳定的农地使用权促进农村土地承包经营权市场流转，吸引大量外来投资者，有利于农业规模化发展（康芳等，2015），进而为构建新型农业经营体系奠定坚实的基础（胡晓涛，2014）。也有研究指出，农地使用权确权使得农户对未来收益看好，加大对土地的长期投资，进而有助于促进农业的长期增长（黄季焜和冀县卿，2012）；确权有助于农民获得有效金融抵押品，降低贷款利率（彭魏倬加和李中，2016）；确权保护了农民合法权益，可以从根本上解决农民歧视的问题（王慧君，2018），有利于农村的社会稳定（张玮和李春，2015），有助于推进政府简政放权（朱北仲，2015）等。由于农地产权关系的复杂性、政策目标的复合性及农地功能的多重性等特点。学界也提出了诸多相反论点并且进行了充分的论证，部分学者认为农地流转本身与农地确权无必然联系（折晓叶和艾云，2014），甚至有负向作用（罗必良，2014），赋予农户更多的农地权利不一定能促进农地流转（胡新艳等，2013）。钟甫宁和纪月清（2009）认为地权稳定性对农户生产投资和贷款可获性没有直接影响，李静（2018）认为在资源禀赋优异的农村开展确权颁证工作可能导致交易市场价格难以达成一致，对农地流转产生负向影响。总而言之，我国农地产权改革始终在贯彻着"确权为基础，流转是核心"这一思路。

3.3.4　确权技术的发展研究

与农地确权技术发展有关的研究主要围绕3S技术［遥感（RS）、地理信息系统（GIS）和全球定位系统（GPS）的统称］、无人机低空摄影测量技术、三维激光扫描技术等采集地形地貌、检测边界及地籍信息，用于土地确权工作基础地理数据。以及登记新技术等以提高确权精度（王兴，2013；王保国，2017；阚韬等，2019；翟伟林等，2013）。除此之外，学者们也对确权技术的具体应用（杜会石等，2014；李瑞雅，2013）、工作流程（张水华，2014）、所存在的问题（白玉等，2012）等作了充分的研究。

3.4　研究前沿变迁

研究前沿的主题识别与趋势分析可以发现，关键词的交互关系及所研究领域的年代演化动态/发展脉络，预测该领域的发展方向与需要解决和关注的问题（邓爱民和张馨方，2018）。因此，在 CiteSpace 关键词共现分析的基础上，结果以"时区"的方式呈现，筛选掉出现次数在 3 及以下的关键词，得到关键词时区视图见图 3-5。参考时区图并结合典型文献，将我国农地确权研究分为 4 个阶段，分别为：

2008～2012 年为研究的初始阶段，2007 年《物权法》将土地承包经营权规定为一种用益物权，加强了农民对土地的实际控制权及法律保障。面对新的形势与历史环境，研究初期的主题主要集中于《物权法》背景下的农村

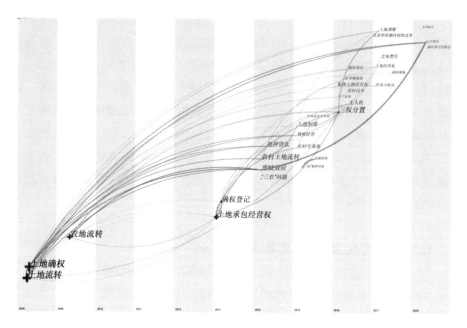

图 3 - 5 2008 ~ 2018 年农地确权研究关键词时区图

土地产权制度改革的解析、改革路径与模式等基础理论逻辑的探索。

2013 ~ 2015 年, 2013 年《中共中央 国务院关于 2009 年促进农业稳定发展农民持续增收的若干意见》提出全面开展农村土地确权登记颁证工作; 健全农村土地承包经营权登记制度; 并首次明晰了政策推进的时间表。党的十八届三中全会从法律高度赋予了农村承包土地更多的财产权能, 为全面铺开农村土地承包经营权确权登记颁证工作打下基础。这一阶段突然出现的词包括 "农地承包经营权" "农村宅基地" "抵押贷款" "规模经营" "'三农'问题" 等, 学界在对农村土地确权的内涵界定、模式与路径选择研究外, 开始偏向在有限空间内对土地产权束各项权能的分合、改良和创新上 (冯广京等, 2015), 并且结合地方改革实践将农地确权的政策效果延伸至农地流转、规模经营、金融市场等环节。就如何加快确权颁证进展、促进其功能实现, 以更好地保障农业经营主体权益展开了探讨, 而针对拓展土地产权制度 "天花板" 的研究数量较少。

2016 ~ 2017 年, 随着学界对农地确权相关理论知识基础认识的不断深化, 研究内容更加广泛。"三权分置" 制度是继家庭联产承包责任制后农村土地制度改革的又一重大创新, 是农村土地确权登记颁证的延伸。众多研究均认为承包权处置权能、经营权抵押权能改革的前提是产权明晰 (刘长全和杜旻，2015）。为了适应经济发展新常态，部分学者将产权问题与供给侧结构性改革相结合，探索提高农地资源配置效率的途径（冯广京等，2016）；土地整治与供给侧结构性改革有机结合，以分析农村土地市场在供给侧存在的问题。农户认知、确权相关利益团体博弈等主观因素被更加系统性地引入农地确权研究中（仇童伟，2017；林龙飞和侯亚景，2017），研究进入全国性、机制化探索阶段。

2018 年，随着农地确权的理论探讨和实践总结的不断深入，突现词逐渐减少，"乡村振兴""安全效应"等成为研究前沿，同年以"农地确权"为关键词的文献数量也有所下降。2018 年《中共中央关于实施乡村振兴战略的意见》中明确，落实农村土地承包关系稳定并长久不变政策，在第二轮土地承包到期后，再延长 30 年。这一阶段乡村振兴问题成为"三农"问题新的切入点。如何深化农村土地制度改革，平衡各方主体利益诉求，怎样选择或创新最佳确权实践路径（陈美球等，2018），系统地、综合地统筹推进"三农"各项工作成为新时期研究重点。

3.5　研究结论

本章基于 CiteSpace 可视化软件，分析了 2008～2018 年我国农地确权领域的核心研究文献，梳理了研究范围的扩展、研究重点的变化，得出如下结论：

（1）自确权概念提出到相应政策出台以来，我国农地确权研究的发文量迅猛增长，研究主题趋向细化发展，涉及学科广泛，研究主体分布多以高校科研人员为主，并形成了固定的作者群体。总体上，研究机构间合作较少，强度较弱。农村土地确权是一个多学科交叉、综合性较强的研究主题，其内涵与实践随着社会变迁与相关利益群体间博弈而不断增添新的内容，改革路径与模式也须根据各地区的实际情况反复探索、循序渐进，绝不可成"一家之言"。因此，应鼓励研究者与机构从多元走向融合，鼓励学院派研究机构加强与中央甚至地方政策部门间的交流，进一步完善农村土地产权制度相关基础理论建设，实现多源流强强结合，增强学术影响力和社会影响力，使得我国农村土地改革更具生命力。

（2）通过关键词聚类分析，可将研究热点归类为内涵界定、农地产权制度改革、农地确权政策效果、确权技术发展四个主题。从典型文献梳理可见，学界主流观点认同当前的农村土地确权政策，但在实践层面上也论述了政策执行过程中存在的诸多问题，相关研究得出还须完善多项配套改革及相关制度保障以推进下一阶段确权工作的开展，有关确权政策的评价也亟待开展。

（3）从关键词时区图分析来看，农地确权领域的研究重点具有明显的政策指向性，热点词的出现往往紧跟着新政策的提出与落实。由于我国未来农村土地产权制度改革道阻且长，需要扎实的理论作为支撑，因此学术研究应适当超前于政策，更有利于制度的创新设计，有利于为后续改革提供新思路与新动力。

第4章 农户生计多样化视角下农地确权政策实施效果评估

　　农地流转是我国继家庭承包责任制以来的又一次自发制度变迁，对于促进农村发展、提高农民收入等曾具有积极影响。但由于农村集体土地产权关系不明确，土地利益分配不合理，尤其是农民对土地产权的稳定性或安全性不明确，直接影响了农村土地流转的实际效果（周靖翔和陆铭，2011），不利于农村资源要素的优化配置。对此，国家也不断进行农村土地制度的"增量改革"以健全农民土地权能，加快农地流转市场化步伐，建立健全高效、公平、规范的农地流转市场体系，实现农业适度规模经营，尤其是2010年《中共中央国务院关于加大统筹城乡发展力度进一步夯实农业农村发展基础的若干意见》首次明确提出，加快农村集体土地所有权、宅基地使用权、集体建设用地使用权等确权登记发证工作。国家试图通过农地确权政策，建立归属清晰、权能完整、流转顺畅、保护严格的农村集体土地产权制度，从而激发农业农村发展活力及保障农民土地权益。

　　从本书第1章的文献综述来看，既有研究主要对农村土地产权稳定性及相关政策效果评估进行了系统分析。在对政策实施效果评估时，主要采用倍差法、倾向得分匹配法进行了定量分析。而对于农地确权政策的实施效果评估则鲜有学者进行探讨。同时，目前还没有学者从农户生计多样化的视角来评价农地确权政策的实施效果。而且有关政策效果评价研究，主要从农民个人特征、农户家庭特征和区域经济水平等角度选取变量，忽略了农民的心理认知状况，即农民对农地确权政策的理解程度。鉴于此，本章将涉及农民的理解认知、参与感受状况统一定义为农户心理认知，作为重要变量加以考虑，并利用津鲁两省市1254份农户调查数据，基于农户生计多样化视角，评价农地确权政策的实施效果，并运用Heckman-Probit两阶段模型实证分析影响不同生计类型农户评价农地确权政策效果的主要因素，以期为完善农地确权政策及土地产权制度改革提供科学依据。

4.1 研究方法与数据来源

4.1.1 模型设定及变量选取

农户对农地确权政策实施效果的评价过程可分为两个阶段：首先是农民对农地确权政策实施带来的各种变化的认知，只有感知到农地确权实施后带来的各种影响变化，才会对该政策作出客观、公正的评价。因此，农户对农地确权政策实施效果的评价是两个有先后顺序并且相互依赖的阶段，如果只选择那些认知到变化的农户作为样本，可能会导致样本的选择偏差，而采用 Heckman-Probit 两阶段模型可避免样本选择的偏差（Van de and Van Praag，1981）。第一阶段，如果农户感觉到农地确权政策实施后有变化，则记为1；如果感觉无变化，则记为0。第二阶段，农户对农地确权政策实施效果的评价属于有序分类变量。本书按照李克特量表将农户对农地确权政策实施效果的评价结果划分为5个层次：很好、较好、一般、不好、很不好。由于篇幅所限，并根据研究目的，省略了第一阶段的模型形式和估计结果，只给出了第二阶段的模型形式和估计结果，即农户对农地确权政策实施效果评价的影响因素模型如下：

$$Y^* = \alpha_j x_j + \varepsilon$$

其中，被解释变量 Y^* 是一个无法观测的潜变量，由解释变量决定；α 是待估参数；ε 是随机误差项。潜变量 Y^* 与观测变量可以通过此函数来表示，即 $T_j = Y_j^*(y_j^* > 0)$。显然，只有在观测到 $y_i = 1$（表示第一阶段农户感受到了农地确权带来的变化）时，才有农户对该政策实施效果的评价 Y_j。因此，第二阶段中的农户对农地确权政策实施效果评价模型就可以转化为如下的实际应用模型：

$$Y_j^* = \alpha_0 + \alpha_1 x_1 + \alpha_2 x_2 + \cdots + \alpha_k x_k + \varepsilon$$

其中，Y^* 是潜在变量，代表农户对农地确权实施效果的评价结果；$x_j(j=1, 2, \cdots, k)$ 代表 k 个影响农户感知农地确权政策带来变化后对其实施效果评价的因素，包括农户性别、年龄、文化程度、是否村干部、土地经营规模、家庭供养比、家庭年均收入、农业收入所占比重、村庄类型、所在地距县城距离、农地产权认知、农地确权政策了解等；ε 是随机误差项。

本章选取农户对农地确权政策实施效果的主观评价为因变量，选取 5 大类共 16 个自变量，即农户个体特征（性别、年龄、文化程度、是否村干部、外出务工经历）、农户家庭特征（农业收入所占比重、家庭年均收入、土地经营规模、家庭供养比）、村庄类型（村庄类型、所在地距离县城距离）、农户心理认知（确权政策了解程度、土地产权排他能力认知、土地产权交易能力认知、土地产权处置能力认知、政策对解决实际困难的作用）。

在农户心理认知变量中，由于农地确权主要是赋予农民更加安全和完整的土地权利，增强农民对土地产权的安全感和信心。基于此，结合产权内涵（排他权、交易权、处置权），我们主要从农户对确权政策了解程度、对土地产权的排他能力认知、交易能力认知、处置能力认知和确权政策解决实际困难作用等方面来衡量农户对农地确权实施效果的认知。排他能力是指农户对土地产权权属和收益的排他占有能力，涉及的是农户间或农户与其他行为主体间对产权权益的控制和争夺。处置能力定义为农户实施农地用途配置权的能力，涉及的是产权主体自身对农地使用用途的处置。交易能力是指农户实施土地转让交易权的能力，涉及的是农户与其他市场交易主体间土地产权权利的交易和转让。解决实际困难的作用主要指通过确权减少土地纠纷、增加农民收入、维护农民土地权益等方面。所有变量定义及预期作用方向见表 4 - 1。

表 4 - 1　　　　　　　　　　　　　　变量定义

变量名称		变量定义	预期作用方向
因变量	农户对农地确权政策实施效果评价	很不好 =1，不好 =2，一般 =3，较好 =4，很好 = 5	—
自变量	农户个体特征	性别	女 =0；男 =1	不明确
		年龄	$20 \sim 29 = 1$；$30 \sim 39 = 2$；$40 \sim 49 = 3$；$50 \sim 59 = 4$；60 及以上 =5	负向
		文化程度	文盲 =1；小学 =2；初中 =3；高中或高职 =4；大专及以上 =5	正向
		是否村干部	否 =0；是 =1	不明确
		外出务工经历	无 =0；有 =1	正向

续表

变量名称		变量定义		预期作用方向
自变量	农户家庭特征	农业收入所占比重	农业收入占家庭总收入比重	不明确
		家庭年均收入	家庭年平均收入（元）	不明确
		家庭供养比	家庭非劳动力人数与劳动人数比值	负向
		土地经营规模	实际面积（亩）	正向
	村庄类型	村庄类型	普通乡村 = 1，乡镇驻地 = 2，城郊结合地 = 3，既是乡镇驻地又是城郊结合地 = 4	正向
		村庄距县城距离	村庄距县城的实际距离（km）	负向
	农户心理认知	农地确权政策了解程度	没听说过 = 1；听说过一点 = 2；一般 = 3；基本了解 = 4；非常了解 = 5	正向
		土地产权排他能力认知	无作用 = 1；较弱 = 2；一般 = 3；较强 = 4；很强 = 5	正向
		土地产权处置能力认知	无作用 = 1；较弱 = 2；一般 = 3；较强 = 4；很强 = 5	正向
		土地产权交易能力认知	无作用 = 1；较弱 = 2；一般 = 3；较强 = 4；很强 = 5	正向
		解决实际困难的作用	无作用 = 1；较弱 = 2；一般 = 3；较强 = 4；很强 = 5	正向

4.1.2 数据来源及描述性统计

本章所使用的数据来自课题组于 2014 年 7～8 月和 12 月在天津市宝坻区、武清区和山东省临清市、冠县所进行的农户调查，调查问卷主要包含农户的基本信息、家庭特征、农地确权政策认知等内容。为保证问卷数据质量和样本的代表性，在每一个调查地区首先从乡镇政府部门了解农地确权政策实施的总体情况，对当地农户按照生计类型划分为 4 个类别，从各类别的农户中随机抽取相应数量的样本，以入户访谈形式进行调查，由此确保调研样本精确性。经过筛选分析，共获取 1254 份有效样本数据，有效率为 89.57%，样本基本情况见表 4 - 2。

表 4 - 2　　　　　　　　　　调查农户基本特征描述

统计指标		比例（%）	统计指标		比例（%）
性别	男	68.50	是否村干部	是	7.74
	女	31.50		否	92.26
年龄	20~29	8.93	文化程度	文盲	7.81
	30~39	25.20		小学	29.67
	40~49	37.24		初中	53.43
	50~59	22.81		高中或高职	8.13
	60及以上	5.82		大专及以上	0.96

4.1.3　农户生计类型划分

按非农化程度的高低以及农户生计多样化的差异，综合已有农户类型划分的研究成果（张丽萍等，2008；马志雄和丁世军，2013），以家庭主要劳动力的投入方向、家庭主要收入及所占比重为标准，将农户生计类型划分为4组：纯农户、一兼型农户、二兼型农户、非农户。划分农户类型时，首先根据农户生计活动中有无非农活动将农户初分为纯农户、兼业户和非农户。然后按照非农收入占家庭总收入的比重将兼业户进行细分，非农收入占家庭总收入比例低于50%的农户为一兼型农户，非农收入占家庭总收入比例大于等于50%低于95%的为二兼型农户，非农收入占家庭总收入比例大于等于95%的农户为非农户。在此基础上，根据初步分类结果，在参考农户反馈意见的基础上对结果进行修正、检验。

根据所调查的1254户样本农户分类，纯农户有230户，占总样本数比例为18.34%；一兼型农户有372户，占总样本数比例为29.67%；二兼型农户有435户，占总样本数比例为34.68%；非农型农户有217户，占总样本数比例为17.30%。

4.2　实证分析结果与讨论

4.2.1　农户对农地确权政策实施效果的总体评价

首先，根据调查问卷数据整理，农户对农地确权政策实施效果的总体评价见表4-3。评价结果为"不好"和"很不好"的占比为17.63%，"一般"的为41.47%，评价结果为"较好"和"很好"的占比仅为40.90%。可见，农地确权政策实施效果并不特别理想。

其次，从不同生计类型农户评价看，农户对农地确权政策实施效果评价结果为"一般"的占比最大，都处于40%左右；而评价为"很好"的占比较小，并呈现U形态势。

总体来看，认为农地确权政策实施效果一般、不好或很不好的农户仍有较大部分。这一方面说明对农地确权政策实施效果不满意的农户仍占较大比例，这会影响农地确权政策的进一步推进；另一方面也说明农地确权的政策设计及改革还需进一步提高。

表4-3　　　　　　　农户对农地确权政策实施效果评价结果　　　　单位:%

农户类型	实施效果				
	很不好	不好	一般	较好	很好
农户整体	4.31	13.32	41.47	31.34	9.56
纯农户	3.04	12.61	41.74	30.43	12.18
一兼型农户	5.65	16.67	38.17	29.84	9.67
二兼型农户	4.83	12.64	43.45	31.72	7.36
非农型农户	2.19	9.68	42.86	34.10	11.17

4.2.2　模型估计与结果分析

对于影响农户对农地确权实施效果评价的因素，运用 Heckman-Probit 模型进行回归，其模型估计结果详见表4-4。Rho 值显著不为零，都在5%或10%显著性水平上通过检验，Wald chi^{2}分别在1%、5%或10%显著性水平上通过检验，表明样本的确存在选择偏差，农户的两步感知评价存在相互依赖，所以运用 Heckman-Probit 两阶段模型是合适的。

表 4 - 4　　　　不同生计类型农户对农地确权实施效果评价影响因素的
Heckman-Probit 模型估计结果

自变量	全部农户	纯农户	一兼型农户	二兼型农户	非农型农户
性别	0.127	0.235	0.246	0.174	0.108
年龄	- 0.206 *	- 0.193 ***	- 0.137 **	- 0.072	0.086
文化程度	0.086 **	0.273 ***	0.095 **	0.183 *	0.342 *
是否村干部	0.372	0.164 *	0.087 *	0.275	0.164
外出务工经历	- 0.154 **	- 0.058 *	- 0.076 *	- 0.163 **	0.219 *
农业收入所占比重	- 0162 *	- 0.172 **	- 0.064 *	- 0.246	0.073
家庭年均收入	0.067	- 0.124	- 0.238	0.075	0.146 *
家庭供养比	- 0.245	- 0.081	- 0.163	- 0.383	- 0.294
土地经营规模	0.214 **	0.186 ***	0.057 *	0.089	0.076
村庄类型	0.075 *	0.143 *	0.082	0.214	0.162
村庄距县城距离	- 0.243	- 0.085	- 0.172	- 0.096	- 0.204
对农地确权政策了解程度	0.381 ***	0.162	0.273	0.089	0.207 *
土地产权排他能力认知	0.082	0.157 ***	0.094 **	0.256	0.135
土地产权处置能力认知	1.762 *	0.264	0.148	0.085	0.173 **
土地产权交易能力认知	0.159 **	0.076	0.243 *	0.182	0.096 **
解决实际困难的作用	0.069 *	0.184 *	0.243	0.094	0.087 *
常数项	- 24.625	- 37.832	- 19.386	- 26.374	- 21.293
总样本	1254	230	372	435	217
Rho	0.354 **	0.289 *	0.412 **	0.371 **	0.338 **
Wald chi^2	516.377 ***	426.495 **	364.81 **	297.356 *	342.564 **

注：*、**、*** 分别代表在 10%、5% 和 1% 水平上通过显著性检验。

由表 4 - 4 可知，从农户整体情况看，年龄、文化程度、外出务工经历、
农业收入所占比重、土地经营规模、村庄类型、对农地确权政策了解程度、
土地产权处置能力认知、土地产权交易能力认知及解决实际困难的作用是影
响农户评价农地确权政策实施效果的重要因素。从不同生计类型农户看，各
影响因素的具体作用如下：

（1）农户个体特征变量的影响。根据回归结果可知，年龄因素对纯农型
农户和一兼型农户的政策实施效果评价具有显著的负向影响，这与预期方向

一致，并分别在1%和5%水平上通过显著性检验。这主要是因为年龄越大，这两种类型的农户主要依靠农业生产，对农地确权政策的效果期望越高，越希望确权政策能带给他们短期内实现的各种经济利益，比较关注短期的效果，如农业收入增加等，忽略了政策的长期效果。而对于二兼型农户尽管方向是负向关系，但并不显著。对于非农型农户来讲，系数符号为正，与预期方向不一致，可能的原因是非农型农户基本主要依靠非农收入来源，对于农业收入或农业生产并不关心，由于主要从事非农就业，可能了解得更多的是宏观层面的政策效果或积极影响。

文化程度变量则对所有类型农户的政策实施效果评价均具有显著的正向影响，这与预期方向一致。即文化程度越高的农户对确权政策实施效果评价越高。这可能归结于文化程度较高的农户具有较强的对确权政策的理解和获取能力，能考虑到政策的长期效果，从而对农地确权政策的实施效果评价就较高。是否村干部变量只对纯农户和一兼型农户具有正向的显著作用，主要是因为这两类中的村干部以农业生产为主，并且作为村干部对确权政策的具体内涵和实施都具有深刻的理解，所以持有明确且长远的积极评价。外出务工经历对所有类型农户的政策实施效果评价都具有显著的影响，且都通过了显著性检验。但从系数符号上来看，对纯农户、一兼型农户和二兼型农户的影响与预期方向不一致，对非农型农户的影响与预期方向一致。可能的原因在于非农型农户主要是以非农就业为主，很少或基本不接触具体农业生产，所以可能更多的是从政策或宏观层面了解确权政策实施的效果，没有从实际农业生产的角度进行评价。

（2）农户家庭特征变量的影响。根据回归结果可知，农业收入所占比重对纯农户和一兼型农户关于农地确权政策实施效果的评价有负向显著影响，这可能是由于纯农户和一兼型农户的家庭收入来源以农业收入为主，对农业收入越看重，想获得的政策实施效果要求越高，因而对农地确权政策实施效果的满意度就低。家庭年均收入变量只对非农型农户的影响显著，且呈现正向影响，即年均收入越高的非农型农户，对农地确权政策实施效果的评价也就越高。这可能与以非农收入作为家庭主要经济来源的非农型农户特征有关，在追求非农收入最大化过程中，更倾向于将劳动、资本等要素投入到非农产业，忽视了对农业生产条件及绩效的关注，仅依靠理论层面的理解去评价政策实施效果。土地经营规模对纯农户和一兼型农户关于确权政策实施效果的评价具有显著的正向影响，这主要是因为对于实行规模经营的纯农户或一兼型农户来讲，他们可以通过农地确权政策来保障农地流转过程中的产权安全及增强他们对未来土地产权稳定的预期和信心。而且从回归系数符号来看，也与预期方向一致。

（3）村庄类型特征变量的影响。根据回归结果可知，村庄类型对纯农户关于农地确权政策实施效果的评价具有正向的显著影响。可能的原因在于村庄类型越好，农地确权政策的实施过程及程序越规范，从而获得主要从事农业生产的纯农户的较高评价。但对其他三种类型农户的影响系数没有通过显著性检验。村庄距县城的距离对所有类型农户评价农地确权实施效果的影响不显著。

（4）农户心理认知特征变量的影响。根据回归结果可知，农地确权政策了解程度只对二兼型农户和非农型农户的评价具有显著的正向影响，对于纯农户和一兼型农户的影响则不显著，但影响方向都与预期一致。可能的原因在于，二兼型农户和非农型农户的主要收入来源为非农就业，他们不依靠现实的、短期的农业经营收入，随着对确权政策的理解加深，他们对政策的长期实施效果有着很好的预期和信息，所以评价也就较高。而纯农户和一兼型农户的主要收入来源为农业经营收入，他们可能更加关注短期内政策实施带来的实际效果。

土地产权排他能力认知对于农户关于确权政策实施效果评价的影响，在不同类型农户中存在差异。对于纯农户和一兼型农户而言，产权排他能力认知存在显著的正向影响，但对于其他类型农户而言，正向影响并不显著。对于纯农户而言，该变量回归系数在1%水平上显著；对于一兼型农户而言，该变量的回归系数在5%水平上显著。这表明纯农户和一兼型农户的产权排他能力认知越强，其对农地确权政策实施效果的评价越高。可能的解释是：纯农户和一兼型农户是农业生产中相对稳定的耕作者，日常生活主要依赖于农地收益，他们所要求的是"保留农地"不被征用，通过农地确权颁证，给予此类型农户更加明确的产权稳定预期。

关于土地产权处置能力认知，从回归系数的作用方向看，对所有类型农户而言，用途处置能力认知越强，对确权政策实施效果评价越高。但从显著性程度看，仅对于二兼型和非农型农户的评价产生显著的正向影响。其原因可能在于：对于二兼型农户和非农型农户而言，其就业、收入和保障不完全依赖于农业和农地，在一定的非农收入支持下，他们已经积累了一定的资本，当有能力将农地配置到其他用途尤其是非农用途时，即通过自建厂房招商、自建较大面积住房等方式获取土地的级差收益，此时，如果他们对土地产权处置能力认知越强，就会激励他们这种行为，所以会对政策实施效果给予较高的评价。

土地产权交易能力认知对四种类型农户关于农地确权政策实施效果评价均具有显著的正向影响，但却存在一定的差异性。对于纯农户和非农型农户而言，该变量均在5%的水平上显著，而一兼型和二兼型农户则在10%的水平上显著，显著性程度相对较低。可能的解释在于：对于纯农户而言，主要从事农业生产和依靠农业收入生活，在当前提倡农业适度规模、培育新型农业经营主体的背景下，通过农地确权，可以增加他们对土地流转的安全预期，进而对政策实施效果给予较好评价；对于非农型农户而言，由于他们主要从事非农就业，如果在产权交易安全的情况下，他们会通过转出土地，获取租金，使土地的资产价值显现，所以，该类型农户对产权交易能力认知越强，对确权政策实施效果的评价也就越高。而对于一兼型农户和二兼型农户而言，尽管他们也从事非农就业，但更多的是在农闲时间或者有剩余农业劳动力的情况下进行，他们的生活在很大程度上还依靠农业生产或农业收入，对产权交易的期望也不如纯农户和非农型农户强烈，故显著性程度相对较低。

一般而言，解决实际困难是确权政策实施效果的最直接体现。根据回归结果可知，该变量对纯农户和非农型农户的影响具有显著的正向影响，均在10%水平上通过了显著性检验，对一兼型和二兼型农户的影响没有通过显著性检验，但影响方向与预期一致。可能的原因在于：通过农地确权，使农民对农地产权的稳定性具有更强的信心和预期，尤其是在提倡农地适度规模经营的背景下，使得纯农户和非农型农户具备了进行土地流转的内在激励，从而更能直接感受到确权政策实施带来的实际效果。

4.3 结论及政策含义

4.3.1 简要结论

本章基于农户生计多样化的视角，利用天津市宝坻区、武清区和山东省临清市、冠县1254份农户调查数据，考察农户对农地确权政策实施效果的总体评价情况，运用 Heckman-Probit 两阶段模型对影响不同类型农户关于农地确权政策实施效果评价的因素进行实证分析，得到如下结论：第一，从整体情况看，农户对农地确权政策实施效果的总体评价并不理想，农户评价农地确权政策实施效果的影响主要来自年龄、文化程度、外出务工经历、农业收入所占比重、土地经营规模、村庄类型、农地确权政策了解程度、土地产权处置能力认知、土地产权交易能力认知及解决实际困难的作用。第二，不同生计类型农户对农地确权政策实施效果评价的影响因素存在差异：对于纯农户而言，其显著的影响因素包括年龄、文化程度、是否是村干部、外出务工经历、农业收入所占比重、土地经营规模、村庄类型、土地产权排他能力认知、土地产权交易能力认知及解决实际困难的作用；影响一兼型农户评价的主要因素来自年龄、文化程度、是否是村干部、外出务工经历、农业收入所占比重、土地经营规模、土地产权排他能力认知、土地产权交易能力认知；对于二兼型农户而言，其显著的影响因素包括文化程度、外出务工经历、对农地确权政策了解程度、土地产权处置能力认知、土地产权交易能力认知；对于非农型农户而言，其显著的影响因素包括文化程度、外出务工经历、家庭年均收入、对农地确权政策了解程度、土地产权处置能力认知、土地产权交易能力认知及解决实际困难的作用。总体来看，影响纯农户与一兼型农户的因素具有较大相似性，而影响二兼型农户与非农型农户的因素也具有较大相似性，这可能与农户的生计类型有关。

4.3.2　政策启示

基于以上研究结论，可以得出如下几点政策启示。

第一，进一步明确和界定土地产权结构，满足不同生计类型农户的产权需求。尽管目前农地"三权分离"的框架已经明确，但仍需在此基础上考虑到不同生计类型农户差异化影响因素，进一步对农地产权做细化和界定，以使其符合不同类型农户和农业现代化的需要。

根据实证分析结果可以发现，对产权交易能力认知对所有类型农户的影响都显著，尤其是对于非农型农户和纯农户。所以，一方面，农地产权要实现"三权分离"，关键是分离的产权能否交易，如果不能交易，再明确的产权也没有价值。目前在我们国家的法律或文件中，明确土地权益交易的是农地承包经营权的流转和抵押。但从现实实践来看，农民进行流转和抵押的基本是土地经营权或使用权。也就是说，在农村土地三权分置后，能够进行市场交易的，只有土地经营权，不包括土地承包权。对于非农型农户来讲，如果其土地承包权不能得到很好的处理，就很难轻易放弃这种权利，进而就会始终游离于城市和农村之间。即使城市通过改革解决外来人口的公共权益问题，也难以真正解决这部分农民的市民化问题。所以，应逐步解除土地使用权、收益权的"非转移性"及封闭性，鼓励有条件和能力的非农型农户"市民化"。

党的十八届三中全会和 2014 年《关于全面深化农村改革加快推进农业现代化的若干意见》明确提出，赋予农村土地承包经营权抵押、担保权能，允许土地承包经营权向金融机构抵押融资，这就赋予了承包地新的权能。但从实际调研来看，由于存在产权抵押缺乏制度设计、产权价值难以评估、缺乏可操作的产权交易平台及产权担保缺乏有效监督机制等问题，农户对土地产权处置、交易能力认知都比较弱，导致对农地确权政策实施效果的较低评价。因此，应该进一步细化和明确"三权分离"，充实和完善每一种权能的内涵和权益实现机制，以便和农业经营规模、新型城镇化、农业人口转移同步。

第二，进一步培育和增强不同生计类型农户的资源禀赋优势，为农民类型分化提供良好的政策环境。根据实证分析结果发现，文化教育程度对确权政策实施效果具有正向影响，所以应加大对不同生计类型农民的教育和培训，让更多的职业培训普及到农村各职业阶层，促进农村人力资本积累，如加大对纯农户向职业农民转变的培训力度，增强非农型农户的非农就业能力等；还应进一步完善产业政策、就业政策和社保制度，使不同生计类型农民能充分享受到各种土地财产权益，为农民生计类型彻底分化和显化农村土地资产价值提供良好的政策环境。总之，不同生计类型农户对确权政策实施效果评价受到多种因素影响。但推进农地确权的关键在于提高农户对确权政策认知与积极性，并完善权能和结构，还应积极出台相应配套措施，为不同类型农户营造良好的制度环境。

第三，加大对农地确权政策的宣传力度，让农户对农地确权的内涵及目的有完整和正确的认识。根据实证分析结果发现，对农地确权政策的了解程度也是影响农户评价政策实施效果的重要因素。在实际调查中发现，农地确权政策宣传力度不够，很多基层的农民群众并不明白为什么要进行农地确权，很大一部分农民认为该政策只是国家为了加强对农村土地的控制和管理，这也导致农民对政策实施效果评价较低。因此，应全面组织和开展对农地确权政策的宣传和发动工作，让广大群众全面认识到对农地确权的重要性及必要性，确保做到使农地确权政策的宣传家喻户晓，宣传到每个村组以及农户，帮助他们了解农地确权的主要目的、内容以及相应的配套政策，要积极争取广大群众对农地确权的理解、支持和真心拥护，使农民认识到农地确权的核心是还权赋能，有利于明晰农村土地的产权归属，保护农民的土地财产权和减少土地纠纷，这将直接关系到他们未来的生计和生活质量。

第5章 农地确权对不同生计类型农户农地流转的影响效应

5.1 引　言

农村土地承包经营权流转不仅有助于解决因劳动力大量进城务工而导致的土地闲置问题，还有助于促进农业现代化和规模化，缓解小农经营与不断发展的农业技术之间的矛盾。实现农业现代化是农业农村经济高质量发展的时代命题，农地流转已经成为农村土地制度改革的必然趋势。早在1984年《中共中央关于一九八四年农村工作的通知》就提出允许有偿转让土地使用权，此后，《农村土地承包法》、农地确权、"三权分置"等一系列土地制度改革措施致力于推动农地流转和规模化经营（郑阳阳和罗建利，2019）。随着相关政策的支持，虽然我国农地流转规模不断增加，从2007年的0.64亿亩上升至2018年的5.39亿亩，但近几年，农地流转的速率却开始放缓，2014年全国土地流转较上年增加4.66%，2016年增幅降至1.7%，2017年流转比例与上年基本持平，阻碍了农地流转改革进程（王倩等，2019）。因此，在已有研究的基础上，探究如何进一步促进农地流转，对推进农业现代化意义重大。

关于农地流转影响因素的研究成果颇丰，其中，外部因素土地产权制度和内部因素农户特征是影响农户农地流转行为的重要因素。作为农村土地产权制度改革的核心内容，农地确权与农地流转的研究受到持续关注，却没有得到一致的研究结论。早期研究以微观调研数据居多，不具有全国代表性，如田传浩和贾生华（2004）借助多元回归模型对三省份1083份调研数据分析发现，农户地权稳定性预期越低，租入农地的可能性越小。自新一轮土地承包经营权确权工作开始后，相关研究集中于新一轮农地确权颁证对农地流转的影响，在数据代表性和方法的科学性方面都有所提升。如程令国（2016）和林文声等（2017）都基于 2011 年和 2013 年中国健康与养老追踪调查数据研究农地确权和农地流转的关系，前者发现农地确权提高了农户参与农地流转的概率，而后者发现农地确权在整体上并不影响农户农地转出，但却抑制农地转入；而李江一（2020）基于 2013 年和 2015 年中国家庭金融调查数据，采用双重差分模型发现，新一轮农地确权提高了农户参与农地转出的概率。国外的相关研究也存在争议，如敏等（Min et al.，2017）发现，土地经营权证书能够对农地流转市场产生重大的积极影响，而德和莱尔（Do and lyer，2008）发现确权政策颁发对农地流转没有显著影响。

除此之外，农户生计特征对农地流转的作用不可忽视。随着城镇化的快速发展，农户家庭的生计方式较过去已经发生了根本转变（朱兰兰和蔡银莺，2016），农户根据自身的比较优势重新配置家庭资源，在农业和非农业之间作出了职业选择（孙小宇等，2019）。因此，越来越多的文献采用一系列指标，如职业类别、家庭非农就业人口占家庭总人口的比例、家庭食品消费支出占家庭总支出的比例、家庭经营纯收入占家庭总收入的比重等衡量农户的分化程度或兼业化程度（许恒周等，2011，2012；章政等，2020），在此基础上分析了农户家庭异质性特征对农地流转的影响。如廖洪乐（2012）利用 Logit 模型和多元线性回归模型发现，农户兼业降低了农地流转概率，但这种影响呈现出地区差异；钱忠好（2008）从农户家庭决策角度分析发现，家庭成员的非农就业并没有促进农地流转，而是基于家庭收益最大化的考虑，表现为家庭经营兼业化；苏群等（2016）使用农村固定观察点 2003~2011 年的混合截面数据发现，兼业化程度高的农户是否参与农地流转主要受其家庭劳动力结构和耕地资源禀赋的影响；聂建亮和钟涨宝（2014）通过实证研究发现，农户水平分化程度正向影响农户的农地转出行为，垂直分化程度正向影响农户的农地转出和转入行为。

综上所述，基于土地产权制度视角和农户视角讨论农地流转行为，取得了丰富的研究成果。但仍存在不足：当前正处于劳动力持续转移和农户分化的时代背景，只有深刻理解在不同类型农户之间，农地确权对农地流转的影响，才能有针对性地为农地确权促进农地流转提出有效建议，而以往研究很少将农户生计类型纳入农地确权对农地流转的影响分析框架中，探讨两者对农地流转的影响机理。虽然有研究基于农户分化视角讨论了农地确权对农地流转的影响，但具有区域限定性。

基于此，本章借助 2013 年和 2015 年中国家庭金融调查数据（CHFS），研究农地确权对农地流转的影响及其作用机制，并深入探讨农地确权和农户生计对农地流转的作用机理，同时甄别农地确权对不同生计类型农户农地流转的作用差异。

5.2   理 论 分 析

5.2.1   农地确权与农地流转

在总结和归纳已有研究的基础上，本章从释放农村剩余劳动力、农业生产投资和交易费用三个中间机制具体分析农地确权对土地流转的影响机理。

（1）释放农村剩余劳动力。在农地转出方面，劳动力向非农部门转移通常能够获得比农业生产更高的收入，有助于弱化土地的社会保障功能（许庆和陆钰凤，2018），从而正向影响农地转出行为。但在土地产权不明晰和不稳定的情况下，农户土地可能被频繁调整（谢琳和罗必良，2013），农户参与非农就业面临着较大的风险和成本，导致农村家庭无法释放剩余农业劳动力（Giles J.，2018）。农地确权通过法律形式赋予了农户更加充分且有保障的土地承包经营权，增强了土地承包经营权的排他能力，提高了农户抵制集体干预和农地调整的能力，从而有助于释放农村剩余劳动力向非农产业部门转移，进而促进农户转出农地（林文声等，2017；李江一，2020）。在农地转入方面，农业生产高效率有助于释放多余劳动力到非农部门，使得劳动力转移不影响农地转入。农地确权提高了土地产权的稳定性，进而激励农户农业投资，提高农业种植效率，从而释放农村剩余劳动力到非农部门。此时，农地确权不通过释放农村剩余劳动力影响农户农地转入。

（2）激励农业生产投资。农户对农业生产投入更多的时间和资金，意味着农户对土地的依赖程度较强，更可能通过转入土地扩大农业生产规模。而地权不稳定时，农户土地面临被频繁调整的风险，使得农户预期收益不稳定，影响了农户的农业生产积极性和长期投资意愿（李金宁等，2017），甚至部分农户为了获得短期收益，对土地进行掠夺式利用。这种短期投资意愿不利于农户转入土地进行农业规模化生产。农地确权通过提高土地产权的安全性，降低了农地被频繁调整的风险，保护了农地投资收益不受他人剥夺，强化了农户对未来收益的稳定预期，进而激发农户对土地的长期投资意愿（胡新艳等，2017）。因此，农地确权将通过激励农户农业生产投资，促进农户转入农地。在农地转出方面，农地确权从根本上加强了土地产权保护，稳定了农户投资土地的收益预期，也会提高农户保护土地质量的意愿，使得农户对农地赋予的价值评价更高，从而提高农地流转交易价格，抑制农地转出（胡新艳和罗必良，2016）。

（3）降低交易费用。土地流转市场的交易费用降低会提高农户参与农地流转的概率，既会促进农户转出土地，也会促进农户转入土地。农地流转的实质是土地承包经营权的交易。当我国农地产权存在残缺和不完整性时（钱忠好，2002），就会导致农地流转的交易费用过高，从而抑制农地流转行为。农地确权以确权颁证的形式，对农民承包面积不准确、四至不清等问题进行明确和解决，能够有效减少农地流转双方重新界定产权的费用，并缓解农地流转的信息搜寻成本，减少农地流转中出现的农地纠纷问题，降低交易的不确定性（付江涛等，2016），从而促进农地转出和农地转入。

5.2.2　农户生计的调节作用

根据农户非农化程度的改变，确权对农地流转的作用方向和影响程度也会有所改变。在农地转出方面，随着农户生计向非农化程度的加深，农户对土地的依赖程度减弱。基于农户理性的假设，农户为了使家庭收入最大化，将倾向于转出农地。尤其在取得土地承包经营权证书的情况下，确权保障了农地产权的安全性，转出农地并不影响自身的土地养老保障需求（吕守军等，2019），还可以将获得的土地租金用于城镇生活。但基于农户的非完全理性假设，土地是一种凝聚情感的人格财产，农户对土地拥有天然的情感和心理依赖（黄佩红等，2019），农户非农化程度的加深可能并没有降低对土地的情感依赖，进而没有加强农地确权对农地转出的影响。因此，随农户非农化程度的加深，农地确权对农地转出的作用方向和影响程度还有待被进一步检验。在农地转入方面，随着农户生计非农化程度的减弱，农户对土地的依赖程度增强，其目的是使自身经营的土地规模达到最优，实现家庭收益的最大化（黄佩红等，2019）。农地确权改变了土地市场信息不对称、交易成本高昂的现实，使得原本不轻易转入土地的农户更有信心和意愿转入土地进行规模化生产。因此，随农户非农化程度的减弱，农地确权对土地转入的积极作用将得到加强。

进一步地，将农户按照农业生产经营收入占家庭总收入的比重划分为不同类型，对不同类型农户而言，农地确权对农地转出与农地转入的影响也存在差异。对非农户而言，农户在城市中的工作稳定，生存能力强，可能对土地有更高的价值期待，使得农地确权对土地转出或转入的影响并不显著（刘同山和牛立腾，2014）。对非农兼业户而言，家庭务工收入占比较多，但没有完全脱离农业生产，很大的原因是这部分农户在城市的生活和工作尚未稳定，同时农地面临被调整等风险，农地的保障功能使得他们更愿意保留农地。农地确权通过增强农地的排他性，降低了农地被调整或被征用的风险，从而促进这部分农户转出土地，为城市生活提供部分资金保障。对农业兼业户而言，务工收入占比相较于非农兼业户更少，通常是青壮年外出务工，常年居住在农村的中老年人从事农业生产，这部分中老年人在劳动力市场往往受到歧视，外出就业难度较大，土地很好地容纳了这些劳动力。如果在确权后转出农地，他们将失去固定的农业收入以及国家相关补贴的损失，同时非农收入还面临较大的不稳定性（庄晋财等，2018）。因此，农地确权可能不会对农业兼业户的农地流转产生显著影响。对纯农户而言，对土地依赖程度最强，常年以务农为主要生计，通常掌握较高的农业生产技术和种植管理经验，农地确权通过提高农户的产权收益预期，将促进这部分农户转入农地。

5.3   数据来源、模型选择与变量设定

5.3.1   数据来源

本章使用 2013 年和 2015 年中国家庭金融调查微观数据库（CHFS）数据，考察农地确权对农地流转的影响。CHFS 数据采用 PPS 抽样方法在全国范围内抽取家户样本，每两年对抽样家户进行一次追踪访问，访问内容包括家庭和个人基本信息、资产与负债、社会保险与保障、收入与支出等微观信息，2015 年新增了家庭生产经营项目、土地情况等相关问题，为研究土地问题提供了充足的信息。2013 年和 2015 年 CHFS 数据分别涵盖了 29 个省（自治区、直辖市）内的 8932 户和 11654 户农村家庭，在匹配两年的家庭数据和个人数据后，剔除了核心解释变量和被解释变量缺失的数据，最终得到 8139

个农户样本。

5.3.2　模型选择

本章借助二元面板 Logit 模型分析农地确权对农地流转行为的影响。根据不同的假设，面板二值选择模型分为固定效应模型（FE）、随机效应模型（RE）和混合面板模型（Pooled）。本章对农户是否参与农地流转的回归方程进行 Hausman 检验，结果显示不采用固定效应面板模型，且随机效应模型和混合面板模型的回归结果的显著性相同。考虑到随机效应模型的假设要求严格，本书最终选取了混合面板模型回归检验农地确权对农地流转行为的影响。构建的计量方程如下：

$$f(transfer_{i,t}) = \ln\frac{P(transfer_{i,t})}{1 - P(transfer_{i,t})} = \alpha + \beta tenure_{i,t} + \delta control_{i,t} + \varepsilon_{it}$$

其中，$transfer_{i,t}$ 是家庭 i 在第 t 年的农地流转行为，在回归时使用三个变量：是否流转（是 = 1，否 = 0）、是否转出农地（是 = 1，否 = 0）、是否转入农地（是 = 1，否 = 0）；$P(transfer_{i,t} = 1)$ 表示农户 i 在 t 年流转土地的概率，若 β 的估计值显著为负，则表明农地确权显著抑制了农户农地流转行为；$tenure_{i,t}$ 表示家庭 i 是否在第 t 年及之前领取到确权证书；$control_{i,t}$ 代表以户主特征、家庭特征和村庄特征为主的控制变量，户主特征包括户主年龄、性别、教育、工作、身体状况；家庭特征包括家庭劳动力人数占比、家庭耕地面积、家庭农业机械总价值；村庄特征主要指村人均收入水平；ε_{it} 表示误差项。

5.3.3　变量设定

本章选取的变量如下：

被解释变量为农地流转行为，分别用是否流转、是否转出农地和是否转入农地表示。2013 年总样本中转出农地的农户家庭占总样本家庭的 10.11%，转入农地的农户家庭占总样本家庭的 14.80%，2015 年总样本中转出农地和转入农地的农户家庭分别增加至 13.12%、15.38%。

解释变量为农地确权，用 2015 年问卷中的问题"您家耕地是否取得土地经营权证书"表示，"1"代表已经领取农地经营权证书，即已经确权，"0"

代表未领取农地经营权证书，即尚未确权。2013 年样本中已经确权的农户家庭占总样本家庭的 28.16%，2015 年确权的农户家庭增加至总样本家庭的 33.03%。

中介变量包括释放农村剩余劳动力、农业生产激励以及交易费用，释放剩余劳动力用家庭非农劳动力人数占家庭总人数的比重表示，预期比例越高的农户家庭转出农地的概率更大；农业生产激励和交易费用的设置参考林文声等（2017）的文献，本书用农户家庭投入农业生产的实物和时间表示农业生产激励变量，实物投入指从事农业生产经营的总成本，包括雇人成本、租赁机械成本、采购农资品成本等，回归时使用实物投入的对数，时间投入指家庭成员从事农业生产经营的时间总数，预期实物投入和时间投入都将促进农地转入；交易费用通过村庄农地流转市场发育程度间接反映，用本村农户参与农地流转市场的比重（包括农地转入和农地转出）进行衡量，比重越大说明交易费用越低，预期交易费用越低，农户转出农地和转入农地的概率越大。

调节变量为农户生计情况，用农业生产经营性收入占家庭总收入的比重表示。进一步地，按照比例数值，将农户划分为纯农户（农业经营性收入占比为 80% ~ 100%）、农业兼业户（Ⅰ兼农户，农业经营性收入占比为 50% ~ 80%）、非农兼业户（Ⅱ兼农户，农业经营性收入占比为 20% ~ 50%）和非农户（农业经营性收入占比为 0 ~ 20%）。将农户分类有助于甄别在不同类型的农户中，农地确权对农地流转的影响。

控制变量，即可能影响农地流转的户主、家庭和村庄特征。户主特征包括户主年龄、工作性质和身体状况等，由于问卷中没有户主身体状况的相关问题，用受访者的身体状况代替。具体来看，随着户主年龄的增长，户主身体状况变差，参与农业劳动的体能和精力逐渐衰退，越有可能转出农地；以务农为主的户主参与农业生产的能力更强，更倾向转入农地或不参与农地流转。家庭特征包括家庭劳动力人数占比、家庭耕地面积、家庭农业机械总价值，家庭劳动人数占比越高意味着农户需要的农地越多，可能会正向影响农地转入；家庭耕地面积越大，普通农户无法负担大规模农业生产，转出农地的概率越大；农业机械价值越高，意味着农户从事农业生产的沉没成本越高，考虑资产专用性对农地经营的影响，将激励农地转入和抑制农地转出（马贤磊等，2015）。村庄特征主要指村庄内户均收入水平，各地经济发展也会对农户农地流转产生影响，村庄数据依据家庭权重信息整理而成。总样本的变量描述性统计见表 5－1。部分变量样本量的缺失是因为农户未参与此项目或未填写。

表 5－1　　　　　　　　　　描述性统计

变量类型	变量名称	样本量	均值	标准差
被解释变量	农地确权	8139	0.3060573	0.4608821
解释变量	农地转出	8139	0.1162305	0.3205208
	农地转入	8139	0.1508785	0.3579524
中介变量	剩余劳动力转移	8139	0.6311692	0.2872184
	农业生产激励：实物投入（元）	7874	6.360005	3.365557
	农业生产激励：时间投入（月）	6616	13.74869	10.16055
	交易费用	8139	0.2630052	0.2157503
调节变量	农户生计情况	7358	0.8028027	28.06267
控制变量	家庭劳动人数占家庭总人数比重	8139	0.5828434	0.3311582
	户主年龄	8134	54.75682	11.85856
	户主性别	8135	1.004425	0.3155351
	户主文化程度	8130	2.510332	0.9582008
	户主工作性质	6842	2.71865	0.7899937
	受访者身体状况	8113	3.242081	1.165991
	家庭耕地面积（亩）	8118	7.938671	13.18294
	农业机械价值（元）	4753	4768.864	18313.3
	村户均收入水平（元）	8139	37325.05	16881.11

5.4　回归结果分析

5.4.1　基准回归结果

首先实证检验农地确权对农户家庭参与农地流转市场的影响（见表 5－2）。模型 1 的结果表明，农地确权提高了农户家庭参与农地流转市场的概率，确权农户参与农地流转的概率比未确权农户参与农地流转概率高 0.27 倍。模型 2 和模型 3 分别将农地转出和农地转入作为被解释变量，结果显示，农地确权在 10% 的显著性水平下促进了农地转出，在 5% 的显著性水平下促进了农地转入。总体来看，农地确权能够对农地流转市场产生积极影响，即确权农户更可能参与农地流转市场。

表 5 - 2　　　　　　　　　　基准回归结果

变　量		农地流转（模型 1）	农地转出（模型 2）	农地转入模型 3
农地确权		0. 266 *** (0. 08)	0. 249 * (0. 14)	0. 225 ** (0. 09)
户主年龄		- 0. 013 *** (0. 00)	0. 036 *** (0. 01)	- 0. 026 *** (0. 00)
户主性别		- 0. 232 ** (0. 12)	- 0. 169 (0. 25)	- 0. 203 * (0. 12)
户主文化程度（以没上过小学为对照组）	小学	- 0. 207 (0. 14)	0. 150 (0. 23)	- 0. 293 * (0. 15)
	初中	- 0. 092 (0. 14)	0. 091 (0. 24)	- 0. 136 (0. 15)
	高中	- 0. 323 * (0. 18)	0. 165 (0. 30)	- 0. 397 ** (0. 20)
	中专/职高	- 0. 036 (0. 35)	1. 093 ** (0. 50)	- 0. 508 (0. 47)
	大专/高职	- 0. 083 (0. 44)	- 0. 804 (0. 97)	0. 147 (0. 47)
户主工作性质（以受雇于他人或单位为对照组）	临时性工作	0. 271 (0. 19)	0. 140 (0. 31)	0. 378 (0. 23)
	务农	0. 697 *** (0. 17)	- 0. 486 * (0. 28)	1. 107 *** (0. 21)
	经营个体或私营企业	0. 044 (0. 31)	0. 749 * (0. 39)	- 0. 967 * (0. 53)
	自由职业	0. 424 (0. 39)	- 0. 012 (0. 79)	0. 776 * (0. 42)
	其他	0. 907 (0. 60)	0. 038 (1. 11)	1. 153 * (0. 63)

变　　量		农地流转 （模型 1）	农地转出 （模型 2）	农地转入 模型 3
身体状况（以非常好为对照组）	好	− 0.035 （0.14）	0.009 （0.26）	− 0.036 （0.15）
	一般	0.086 （0.13）	0.152 （0.25）	0.060 （0.15）
	不好	0.126 （0.14）	− 0.118 （0.27）	0.204 （0.15）
	非常不好	0.281 （0.17）	0.195 （0.33）	0.320* （0.18）
家庭劳动人数占家庭总人数比重		0.305** （0.14）	− 0.027 （0.26）	0.433*** （0.15）
耕地面积		0.001 （0.00）	0.002 （0.00）	0.002 （0.00）
农业机械价值		0.000** （0.00）	− 0.000 （0.00）	0.000** （0.00）
户均收入		0.000*** （0.00）	0.000*** （0.00）	0.000*** （0.00）
常数项		− 1.350*** （0.38）	− 5.004*** （0.79）	− 1.300*** （0.42）
样本量		4248	4248	4248
R^2		0.025	0.038	0.047

注：（1）括号内数值为家庭层面稳健聚类标准误；（2）*、**、*** 分别表示 $p<0.1$、$p<0.05$、$p<0.01$；（3）样本量减少的原因是参与回归的控制变量数据缺失严重。

具体来看，当控制其他变量不变时，随户主年龄增大，农户越可能转出农地，并抑制农地转入，可能的原因是年龄越大，户主参与农业劳动的精力和体力将下降，因此，转出农地的概率更大，转入农地的概率更小；受教育水平为中专/职高的农户转出农地的概率比未上小学的农户转出农地的概率大，可能是因为受教育水平较高的农户，具有更高的非农就业能力和在非农市场上竞争的实力，更倾向于转出农地和非农就业；以务农为主的农户转出农地的概率比受雇于他人或单位的农户转出农地的概率更小，转入农地的概率更大，这一结论符合现实，拥有务农经历的户主更有能力和经验从事更大规模的农业生产活动，转入农地有助于提高其家庭收入水平；身体状况对农地流转的影响不显著，可能是因为农户家庭拥有的耕地面积普遍较小，农业劳动强度小，身体状况不影响耕地的种植；家庭劳动力人数占家庭总人数的比重越高、农业机械价值越高将促进农户家庭转入农地，而耕地面积对农地转入和农地转出的影响不显著，可能的原因是家庭劳动力越多、拥有的农业机械价值越高，规模化的农业种植越能提高农业生产率；户均收入既提高了农户参与农地转出的概率，也提高了农户参与农地转入的概率，原因是村庄内农户家庭收入越高，意味着村庄的经济发展越好，农地流转市场发展越完善，市场上的农地流转行为越频繁。

5.4.2 中介效应

1. 释放农村剩余劳动力

表 5-3 展示了释放农村剩余劳动力的中介效应，结果显示，农地确权在 1% 的水平下促进了农户家庭剩余劳动力向非农产业转移，农地确权通过稳定土地产权，降低了农户家庭土地被征收的风险，从而释放了农村剩余劳动力。模型 5 和模型 6 同时加入农地确权和中介变量，当被解释变量为农地转出时，农地确权的显著性有明显下降，且剩余劳动力非农转移对农地转出的影响在 10% 的水平上显著，表明农地确权后，稳定的地权促进了农户家庭非农劳动力的转移，从而提高了农地转出的概率；当被解释变量为农地转入时，农地确权的显著性有所下降，但劳动力非农转移对农地转入的影响不显著，表明农地确权通过促进劳动力非农转移抑制农地转入的影响不显著，可能的原因是有些农户的土地经营规模较大，农地确权后促进了他们的农业生产投资，带来更高的农业生产效率，释放了家庭剩余劳动力到非农部门，因而未影响农地的进一步转入。

表 5-3 释放剩余劳动力非农转移的中介效应

变 量	释放剩余劳动力 （模型 4）	农地转出 （模型 5）	农地转入 （模型 6）
农地确权	0.022 *** (0.01)	0.238 * (0.14)	0.225 ** (0.09)
释放剩余劳动力		0.600 * (0.33)	− 0.007 (0.20)
控制变量	控制	控制	控制

续表

变　量	释放剩余劳动力 （模型 4）	农地转出 （模型 5）	农地转入 （模型 6）
常数项	0. 102 *** （0. 03）	− 5. 109 *** （0. 79）	− 1. 300 *** （0. 42）
样本量	4250	4248	4248
R²	0. 171	0. 040	0. 047

注：（1）括号内数值为家庭层面稳健聚类标准误；（2）＊、＊＊、＊＊＊ 分别表示 p＜0. 1、p＜0. 05、p＜0. 01；（3）样本量减少的原因是参与回归的控制变量数据缺失严重。

2. 农业生产激励

表 5 - 4 为农业生产激励的中介效应，模型 7 ~ 模型 9 的结果显示，农地确权显著提高了农户家庭劳动力务农时间，但对农业生产的时间投入并没有显著影响农地转出，而促进了农地转入。模型 10 ~ 模型 12 的结果显示，农地确权没有提高农户农业生产的实物投入，但实物投入能够抑制农地转出，促进农地转入。上述结果表明，农地确权后，农户从政策层面和实践层面感知到土地产权的稳定性，将拥有更稳定的农业生产收益预期，从而激励农户农业时间投入，扩大农业生产经营规模。农地确权没有通过促进农户的实物投入提高农地转入或抑制农地转出，可能是因为普通农户的收入和资产水平普遍偏低，没有足够的实力购买机械或雇用工人，最普遍的农业生产投资是务农时间的增加。

表 5 - 4　　　　　　　　农业生产激励的中介效应

变　量	时间投入 （模型 7）	农地转出 （模型 8）	农地转入 （模型 9）	实物投入 （模型 10）	农地转出 （模型 11）	农地转入 （模型 12）
农地确权	0. 795 ** （0. 37）	0. 249 * （0. 14）	0. 215 ** （0. 09）	0. 057 （0. 05）	0. 246 * （0. 14）	0. 214 ** （0. 09）
时间投入		− 0. 008 （0. 01）	0. 006 * （0. 00）			
实物投入					− 0. 225 *** （0. 04）	0. 554 *** （0. 05）
控制变量	控制	控制	控制	控制	控制	控制
常数项	12. 027 *** （1. 73）	− 4. 919 *** （0. 80）	− 1. 370 *** （0. 43）	7. 265 *** （0. 26）	− 3. 290 *** （0. 81）	− 5. 406 *** （0. 60）
样本量	4215	4213	4213	4023	4021	4021
R²	0. 028	0. 039	0. 047	0. 156	0. 055	0. 098

注：（1）括号内数值为家庭层面稳健聚类标准误；（2）＊、＊＊、＊＊＊ 分别表示 p＜0. 1、p＜0. 05、p＜0. 01；（3）样本量减少的原因是参与回归的控制变量数据缺失严重。

3. 交易费用

表 5-5 展示了交易费用的中介效应，结果显示，农地确权提高了村庄层面农地流转的概率，即降低了农地流转过程中搜寻交易对象等行动发生的交易费用，并且交易费用的降低提高了农户转出农地和转入农地的概率。因此，农地确权通过重新界定农户的土地产权，降低了土地流转过程中产生的交易费用，从而提高了农户转出土地和转入土地的概率。

表 5-5　　　　　　　　　　　　交易费用的中介效应

变　量	村庄农地流转比率 （模型 13）	农地转出 （模型 14）	农地转入 （模型 15）
农地确权	0.035 *** （0.01）	0.112 （0.15）	0.031 （0.10）
村庄农地流转比率		4.121 *** （0.30）	4.451 *** （0.21）
控制变量	控制	控制	控制
常数项	0.154 *** （0.03）	-6.030 *** （0.85）	-2.125 *** （0.46）
样本量	4250	4248	4248
R^2	0.072	0.170	0.135

注：（1）括号内数值为家庭层面稳健聚类标准误；（2）*、**、*** 分别表示 $p < 0.1$、$p < 0.05$、$p < 0.01$；（3）样本量减少的原因是参与回归的控制变量数据缺失严重。

5.5　农户生计的作用机制

模型 16 和模型 17 为加入农地确权和农户农业收入占比之后的回归结果。农地确权与农户生计的交互项对农地转出的影响不显著，对农地转入呈显著的正向影响，即随农户家庭农业收入占比增加，农地确权对农户农地转入的正向影响显著增强。可能的原因是农户家庭农业收入占比越高，农户对土地的依赖程度越高，且这部分农户有务农经验和种植技术，扩大农业生产规模将提高他们的家庭收入水平，因此随农户家庭农业收入占比增加，确权对农户农地转入的影响逐渐增强。

表5-6   农户生计的调节作用

变　量	农地转出 （模型16）	农地转入 （模型17）
农地确权×农户生计	-0.344 （0.45）	0.264 ** （0.11）
农地确权	0.073 （0.30）	0.283 *** （0.10）
农户生计	-0.578 ** （0.26）	0.143 *** （0.05）
控制变量	控制	控制
常数项	-4.743 *** （0.80）	-1.363 *** （0.42）
样本量	4234	4234
R^2	0.049	0.055

注：（1）括号内数值为家庭层面稳健聚类标准误；（2）*、**、***分别表示 $p < 0.1$、$p < 0.05$、$p < 0.01$；（3）样本量减少的原因是参与回归的控制变量数据缺失严重。

接下来，对不同生计类型的农户农地流转行为进行分组回归，结果见表 5-7 和表 5-8。首先，将农地转出作为被解释变量，可以发现，农地确权后，非农兼业户和纯农户转出土地的概率大于不转出土地的概率。非农兼业户对土地的依赖程度较低，且农户有非农务工经验和能力，转出土地有助于为农户在城市务工提供部分资金支持，也能够释放剩余的农业劳动力到非农部门。因此，农地确权后，非农兼业户转出土地的概率大于不转出土地的概率。纯农户对土地的依赖程度较强，土地既是他们的就业保障也是养老保障，当土地流转市场发育不健全，土地产权不稳定时，纯农户为保障土地经营权不会轻易放弃农业生产。反之，当农地产权稳定后，有能力的纯农户也可能通过获得土地租金和非农务工提高家庭收入，即发生了生计类型的改变。因此，农地确权后，纯农户转出土地的概率大于不转出土地的概率这一结论符合现实。

表5-7   农地确权对不同生计类型农户农地转出的影响

变　量	非农户 （模型17）	非农业兼业户 （模型18）	农业兼业户 （模型19）	纯农户 （模型20）
农地确权	0.136 （0.17）	0.943 ** （0.37）	1.117 （0.82）	1.461 ** （0.70）
控制变量	控制	控制	控制	控制

变　量	非农户 （模型 17）	非农业兼业户 （模型 18）	农业兼业户 （模型 19）	纯农户 （模型 20）
常数项	- 4.913 *** （0.89）	- 3.451 （2.15）	- 2.471 （4.64）	4.066 （3.32）
样本量	2349	603	171	170
R²	0.035	0.107	0.235	0.237

注：（1）括号内数值为家庭层面稳健聚类标准误；（2）＊、＊＊、＊＊＊分别表示 p＜0.1、p＜0.05、p＜0.01。

表 5 - 8　　　　　　农地确权对不同生计类型农户农地转入的影响

变　量	非农户 （模型 21）	非农业兼业户 （模型 22）	农业兼业户 （模型 23）	纯农户 （模型 24）
农地确权	0.186 （0.13）	- 0.202 （0.23）	0.361 （0.31）	0.684 * （0.40）
控制变量	控制	控制	控制	控制
常数项	- 1.857 *** （0.59）	- 1.933 * （1.07）	- 1.955 （1.43）	0.636 （2.12）
样本量	2349	613	353	211
R²	0.038	0.065	0.081	0.167

注：（1）括号内数值为家庭层面稳健聚类标准误；（2）＊、＊＊、＊＊＊分别表示 p＜0.1、p＜0.05、p＜0.01。

其次，将农地转入作为被解释变量，结果显示，对纯农户而言，农地确权后，农户转入农地的概率大于不转入农地的概率。这表明，农地确权很有可能通过提高农户农业生产预期收入的稳定性，激励农户转入土地。而农地确权后，非农户和兼业户转入农地的概率没有显著变化，可能的原因是城镇化背景下，大多数农户不再将务农作为主要生计来源，农地确权对他们的激励作用不显著。

5.6　稳健性检验

本章选择使用 2015 年截面数据对上述回归结果进行稳健性检验（见表 5 - 9）。筛选数据后，最终得到 2015 年样本 9078 份。回归结果显示，农地确权显著提高了农户农地流转的概率，且对农地转出和农地转入的促进作用也分别在 1% 和 5% 的水平上显著。分别对劳动力转移、农业生产激励、交易费用三个中介变量进行回归，得到的结果与上述混合面板回归得到的结果一致（见表 5 – 10）。

表 5 – 9　　　　　　　　　农地确权对农地流转的稳健性检验结果

变　量	农地流转	农地转出	农地转入
农地确权	0. 243 *** （0. 06）	0. 419 *** （0. 10）	0. 149 ** （0. 06）
控制变量	控制	控制	控制
常数项	– 1. 602 *** （0. 36）	– 5. 536 *** （0. 63）	– 1. 083 *** （0. 41）
样本量	6515	6490	6515
R^2	0. 013	0. 047	0. 030

注：* 、** 、*** 分别表示 $p < 0.1$、$p < 0.05$、$p < 0.01$。

表 5 – 10　　　　　农地确权对农地流转的中介机制稳健性检验结果

变　量	释放劳动力	农地转出	时间投入	农地转入	交易费用	农地转出	农地转入
农地确权	0. 013 ** （0. 01）	0. 414 *** （0. 10）	0. 737 *** （0. 25）	0. 141 ** （0. 06）	0. 024 *** （0. 00）	0. 334 *** （0. 10）	0. 046 （0. 07）
释放劳动力		0. 403 * （0. 23）					
时间投入				0. 007 ** （0. 00）			
交易费用						4. 131 *** （0. 25）	4. 185 *** （0. 18）
控制变量							
常数项	0. 063 ** （0. 03）	– 5. 856 *** （0. 59）	14. 671 *** （1. 44）	– 1. 294 *** （0. 38）	0. 183 *** （0. 03）	– 6. 996 *** （0. 62）	– 2. 077 *** （0. 40）
样本量	6515	6490	6430	6430	6515	6490	6515
R^2	0. 176	0. 048	0. 042	0. 030	0. 057	0. 130	0. 122

注：* 、** 、*** 分别表示 $p < 0.1$、$p < 0.05$、$p < 0.01$。

5.7　结论与建议

本章基于 2013 年和 2015 年 CHFS 面板数据，运用二元面板 Logit 模型研究不同农户生计类型下农地确权对农地流转的影响，并检验了农地确权对农地流转的影响机理，最后进行了稳健性检验。结果发现：首先，农地确权积极促进了农户参与农地流转，提高了农户参与农地转出的概率和农地转入的概率，这一结果与李江一同样使用二年 CHFS 数据得到的结论存在差异，原因可能是本书研究的是耕地确权和流转问题，并且在变量选择等方面也存在不同（李江一，2020）。其次，农地确权通过释放农村剩余劳动力到非农产业，提高了农户参与农地转出的概率；农地确权通过激励农户农业生产投入，提高了农户转入农地的概率；农地确权通过降低交易费用，分别提高了农户农地转出和农地转入的概率。最后，在农户生计的调节作用下，农地确权对农地转入的正向影响加强。另外，农地确权对不同生计类型的农户农地流转行为的影响具有明显差异，农地确权后，非农兼业户和纯农户都有可能成为土地供给方，纯农户同时也是土地需求方。

基于上述研究结果，本书认为农地确权激励农户参与土地流转市场的积极作用不可忽视，但农地确权并非提高了所有农户参与土地流转市场的概率。从不同生计类型农户视角出发，农地确权对纯农户的影响最大，纯农户既是潜在的土地供给方，也是潜在的土地需求方。本书认为，农地确权后应做到以下三点：一是尽快完善城乡社会保障体系，引导非农户和兼业户转出农地。农地确权对非农户和农业兼业户的土地转出作用不显著，可能是因为非农户和兼业户对土地的心理依赖程度较强，重视土地的就业保障和养老保障功能。因此，提高农户的非农就业保障和城市养老保障水平，将有助于进一步推动农户土地流转。二是加强对农户的非农就业技能培训。农地确权后，纯农户也可能因为农地产权的稳定性尝试外出就业，只有提高外出就业农户的就业水平和市场竞争力，才能保障就业的稳定性，从而促进土地流转。三是尽快培育新型职业农民，吸引优秀的农民通过流转农地扩大土地经营规模。农地确权促进了纯农户的转入农地，但普通农户的经济实力和管理能力等都无法承担大规模的土地经营，因此，需加快培育职业农民，提高农业生产效率。

第6章 生计多样性视角下农地确权的收入效应研究

6.1 引 言

党的十八大以来，以习近平同志为核心的党中央高度重视拓宽农民增收渠道和实现农民增收问题。如何促进农民收入持续快速增长，不仅直接关系广大农民群众的现实利益，还影响乡村振兴战略目标的实现。土地一直是农民重要的生产要素和生活保障，现行家庭联产承包责任制下农村土地承包经营权表现出来的产权残缺成为阻碍农地市场流转的重要因素（钱忠好，2002），也成为制约农户持续增收的制度约束，优化农地产权制度从而促进农户家庭收入进一步增长得到国家政策支持（韩春红和张德元，2018）。2009 年《关于 2009 年促进农业稳定发展农民持续增收的若干意见》首次明确提出开展土地承包经营权登记试点工作，旨在加强农村土地产权安全稳定的基础上，促进土地流转，实现农村土地规模化经营，提高农地利用率，最终实现农民增收。2013 年《中共中央 国务院关于 2009 年促进农业稳定发展农民持续增收的若干意见》提出到 2018 年基本完成农村土地承包经营权确权登记颁证工作。当前，农村土地承包经营权确权登记颁证工作陆续结束，但是农地确权带来的现实影响值得深入研究。

在新一轮农村土地确权和"三权分置"的制度背景下，农村居民拥有了稳定的具有排他性的农村土地承包经营权，农地确权颁证通过发挥产权分工和交易效应、产权激励效应、产权抵押效应、产权规模经济效应，影响农户土地流转（程令国等，2016）、农业生产投资（林文声和王志刚，2018）、劳动力转移（李停，2016）、农地规模经营（胡新艳等，2018）等决策，从而影响农户家庭收入水平和收入结构。大量研究基于农户微观数据，借助 PSM、OLS 等实证方法，证实了农地确权对土地流转的影响以及土地流转后农户家庭收入的变化，但是研究结论存在争议，如李金宁等基于浙江省 522 户调研数据，使用 Logit 模型发现，农地确权能够显著促进土地流转（周敏等，2017）；而林文声等（2017）基于中国健康与养老追踪调查数据发现，农地确权在整体上并不影响农户农地转出，会抑制农地转入；冒佩华和徐骥（2015）借助 2000 年和 2012 年农户家庭微观调研数据，实证分析发现，土地流转显著促进农户家庭收入增长；而柯炼（2019）等发现土地流转无法提高农民家庭人均收入。部分学者还通过建立土地流转的中介模型，解释农地确权对农户家庭收入和收入结构的作用机制，如李哲等基于中国健康与养老追踪调查的 2011 年和 2013 年数据，证实了农地确权能够直接增加农户家庭总收入和财产性收入，并间接促进农户家庭农业生产收入（李哲和李梦娜，2018）。

在新型城镇化的推进过程中，随着农村劳动力大规模向城镇转移，形成了农户家庭兼业化和收入结构多元化，基于农户异质性的相关研究逐渐增加，包括农户土地流转主体异质性和收入异质性以及农户家庭兼业分化。如李成明等利用"反事实"检验思想发现，土地流转对转入户和转出户的收入效应不同，对同一流转类型不同收入分位数上农户的影响也存在差异，且高收入群体的收入效应高于低收入群体（李成明等，2019）；高欣和张安录（2017）采用回归分析方法探究不同农户兼业程度对转入户和转出户的农业生产效率的影响，发现，兼业分化显著提高转入户的生产效率，显著降低转出户的生产效率，且兼业程度越强兼业分化的正方向影响作用越弱；聂建亮和钟涨宝（2014）用农户非农劳动力占劳动力总数的比例和农户人均年纯收入水平将农户分化程度分为水平分化程度和垂直分化程度，研究农户分化程度对土地流转的影响。

从现有文献看，学者们对农地确权与农户收入关系的直接研究和间接研究取得了较为丰硕的成果，农地确权能够影响农户收入得到大部分学者的认同。但是，第一，具体的内在机制研究仍然存在争议，尤其是以农地确权是否促进土地流转以及土地流转是否促进农户家庭收入问题争论较多；第二，相关研究较少以农户家庭对土地的依赖程度这一指标划分农户类型，对土地的依赖程度决定农户家庭土地流转决策和劳动力转移方向；第三，鲜有研究同时考虑农户异质性和土地流转对农地确权与农户收入的作用，造成两者之间具体的影响机制揭示不足，仅考虑农地确权与农户收入的中介效应，缺少研究农户异质性发挥的作用，不利于制定精准的农地确权政策。

基于上述分析，本章试图将农地确权、土地流转、农户收入和农户异质性纳入同一分析框架。首先，对农地确权、土地流转和农户收入三者之间关系进行文献综述并提出研究假设，同时，分析农户异质性在此作用机制中发挥的作用；其次，以土地流转作为中介变量，检验农地确权是否通过土地流转影响农户收入及其作用方向，之后加入农户异质性作为调节变量，检验土地流转发挥的中介效应是否因农户对土地的依赖程度而受到调节，并分析调节程度的强弱；最后，针对相关研究存在的内生性、选择偏误问题进行分析，并进行稳健性检验。

6.2　文献综述与研究假设

6.2.1　农地确权与农户收入

在农村，土地和劳动力是家庭持有的主要生产生活要素，而土地被认为是减少贫困、提高农户家庭收入的重要因素（Wineman and Liverpool，2017）。然而长期以来，我国农村土地产权存在的界定不清晰、安全性较弱等问题，带来农民土地纠纷矛盾和土地被征收、被经常性调整等风险，导致劳动力已经向城镇转移的农户家庭将土地闲置或转向亲戚朋友等普通农户，以低效利用的方式降低土地遭受非法侵占的可能性，造成土地供给紧张和土地细碎化问题难以解决，从而抑制农户家庭收入的持续增长。新一轮农村土地确权颁证通过进一步明确地块的边界、面积大小、地理位置等属性信息，以及地块的权利所属和各权利主体享有的土地权益和应承担的责任（Rao et al.，2017），不仅能够缓解地块信息不完善带来的土地纠纷问题，还在提高实际的产权安全性的基础上，增加了农户家庭的农地产权安全感知（Ren G et al.，2019），促使农户感到土地承包经营权的固化和不可调整（陈刚，2015）。从而，一方面，促使不种地或种地少的农户家庭进入土地租赁市场，为规模较小、生产率较高的农民提供更多的土地供给，缓解土地细碎化问题；另一方面，土地被公平地分配给有生产力的使用者，通过增加土地投资（Ma X. et al.，2013），实现高效率生产，解决土地利用率低问题。最终都能使农户家庭通过合理配置土地和劳动力资源，达到提高农户收入持续增长。基于上述分析，提出假设 H1：

H1：农地确权对农户收入有显著的正向影响。

6.2.2 土地流转的中介作用

农地确权通过土地流转影响农户收入的研究取得了大量成果，虽然农地确权对土地流转以及土地流转对农户收入的影响方向与强弱关系存在争论，但是，在理论上，土地经营权证书的获得为农户家庭流转土地奠定了产权基础，能够对土地流转市场产生重大的积极影响（Min et al.，2017），通过土地流转市场的资源自由配置，能够实现各类农户家庭收入的持续稳定增长。在实测农地面积大小等信息的基础上对农户承包地进行登记颁证，能够显著增加地权稳定性，提升农户家庭土地安全感知并降低产权交易成本（Lawry et al.，2017），大量土地从农业经营能力较差、土地资源相对丰富的农户家庭流向生产经营能力较强、土地贫瘠的农户家庭（Chamberlin and Ricker，2016），土地的重新配置使得具有更高农业潜力的人通过租入土地实现农业生产规模经营，从而获得较大的土地租入回报。金等（Jin et al.，2013）研究发现租入土地将使农户家庭人均总收入提高 6.6%。此外，农地确权政策保证农户对承包地的长久占有、使用、经营和流转等权利，将降低农户家庭土地被租赁者夺走的恐惧感（Yami and Snyder，2016），增加向农业企业和合作社转让土地的数量，降低将土地转给如亲戚、朋友等其他家庭的可能性，鼓励家庭使用书面合同和收取金钱租金（Cheng et al.，2019）。同时，增加劳动力从农业转移到非农部门的数量以及从事非农工作的时间（Mullan et al.，2011），发挥土地的财产价值属性并提高工资性收入，实现家庭总收入的增长。基于上述分析，提出假设 H2：

H2：土地流转在农地确权与农户收入之间具有中介效应，且农地确权通过促进土地流转提高农户家庭人均收入。

6.2.3 农户异质性的调节效应

本章以农户家庭对农地的依赖程度作为衡量农户异质性的标准。农户快速分化带来农户经济社会地位的变化，导致农户家庭对农地依赖程度存在差异，从而影响土地流转决策。对农地依赖程度较弱的农户家庭而言，土地发挥的生计保障、增产增收功能逐渐减弱，农地确权降低了产权交易风险，农户更倾向转出土地，通过非农就业和土地租金获得家庭收入；对农地依赖程度较强的农户家庭而言,土地是农民生产生活的物质保障,农地确权降低了土地流转的市场交易成本,有能力扩大规模的农户更倾向转入农地,通过扩大土地规模、提高技术效率、增加农业投入等途径增加非农收入(陈飞和翟伟娟,2015)。因此,在自愿基础上,不同农地依赖程度的农户无论作出农地转入还是农地转出的土地流转决策,都会增加农户的家庭收入。但是,研究表明,土地流转并未显著提高转出户收入(张兰等,2017),农地依赖程度较弱的农户家庭通常已经实现了劳动力非农就业,不仅在生产上脱离了农业,在生活与居住方面开始也向城镇转移(李荣耀和叶兴庆,2019),土地收入占家庭总收入比例不高,且现有政策未能进一步激励农村剩余劳动力转移。因此,农地依赖程度较弱的农户通过土地流转获得的收入增长有限。此外,土地产权的经济性风险很难通过正式制度得到规制,农地依赖度较弱的农户将土地转出后,面临土地使用出现"非粮化""非农化"问题,以及无法保证土地能够按期保质收回,导致农户倾向以无偿转包的形式将土地流转给亲友以规避产权的经济性风险(胡霞和丁冠淇,2019)。而对于农地依赖程度较强的农户而言,通常是高效率生产者才选择转入土地,实现规模经营后带来的收入效果显著。基于上述分析,提出假设H3:

H3a:农户异质性在农地确权与农户收入之间起到调节作用,且农地依赖程度较强的农户家庭,农地确权带来的收入效应更强。

H3b:农户异质性调节土地流转在农地确权与农户收入之间的中介效应,且农地依赖程度较强的农户家庭,农地确权通过土地流转带来的收入效应更强。

基于以上分析,构建农地确权、土地流转、农户收入的影响机制,如图6-1所示。

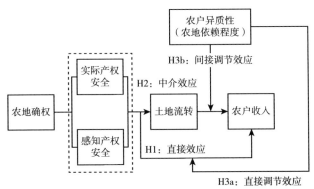

图6-1 农地确权、土地流转、农户收入的影响机制

6.3 数据来源、变量描述与模型设定

6.3.1 数据来源

本章所用数据来源于 2015 年中国家庭金融调查（CHFS）家庭和个人数据。中国家庭金融调查区域包括中国 28 个省份。调查采取 PPS 抽样方法，抽中 262 个县、市、区；在每个县、市、区抽出 4 个社区（村、居委会）；最后，在每个社区用地图地址法绘出住宅分布图，然后随机抽取 20～50 户家庭，采用计算机辅助调查系统（CAPI）进行入户访问。问卷内容涵盖了农户家庭收入、是否取得土地经营权证书、家庭人口数、农业用地面积和土地租赁等相关信息。2015 年家庭样本 37289 份，个人样本 133183 份，其中农户家庭样本 11654 份。通过匹配 CHFS 的农户家庭和个人数据，剔除核心解释变量和被解释变量缺失的数据后，得到有效农户家庭数据 8701 份。其中，58.26% 农户已经签订土地承包合同，41.74% 农户尚未签订土地承包合同。

6.3.2 变量描述

变量选择及描述性统计：

被解释变量为农户家庭人均年收入，有效样本的家庭人均年收入均值为 12207.87 元，确权农户家庭人均年收入均值为 13336.72 元，未参与确权的农户家庭人均年收入均值为 10632.38 元，确权农户家庭人均年收入均值高于未确权农户家庭人均年收入均值 2704.34 元。实证分析过程中，以农户家庭人均年收入对数值代入模型。

核心解释变量为农户是否进行农地确权，以是否签订土地承包合同为标准，"1" 代表已经签订土地承包合同，即已经确权，"0" 代表未签订土地承包合同，即尚未确权。户主特征、家庭特征等变量的描述性统计结果显示，确权农户和未确权农户在户主性别、年龄等变量中标准差和均值相差不大，而在人均耕地面积、所在地区等变量中标准差和均值相差较大。

中介变量为是否参与土地流转，包括农地转入和农地转出，"1" 代表已经将农地转入或转出，"0" 代表没有参与土地流转。有效样本中参与土地流

转的农户占 29.84%。

调节变量为农户异质性,以农户家庭土地依赖程度作为划分标准,参考《农户家庭农地依赖度测算及多维生存状态评价——以湖北省武汉市和孝感市为例》(李诗瑶和蔡银莺,2018),以收入依赖度和食物依赖度两个指标共同衡量农户土地依赖程度,分别以农业经营收入占家庭总收入比重和农户食物自给市场价值占家庭食物总开支比重计算,按照比例值将农户分为非农发展类(收入依赖度 0 ~ 0.1;食物依赖度 0 ~ 0.5)、农业自给类(收入依赖度 0 ~ 0.1;食物依赖度 0.5 ~ 1)、农业增收类(收入依赖度 0.1 ~ 0.9;食物依赖度 0 ~ 0.5)、农业辅助类(收入依赖度 0.1 ~ 0.9;食物依赖度 0.5 ~ 1)、农业经营类(收入依赖度 0.9 ~ 1;食物依赖度 0 ~ 0.5)、农业生存类(收入依赖度 0.9 ~ 1;食物依赖度:0.5 ~ 1),6 类农户家庭分别占有效样本比重 53.16%、6.21%、24.20%、4.66%、9.71%、2.07%,分别赋值 1 ~ 6,表示家庭土地依赖程度逐渐增加。

借鉴已有研究(李诗瑶和蔡银莺,2018;何欣等,2016;诸培新等,2015;刘俊杰等,2015;宁静等,2018),将控制变量设为户主特征(户主性别、年龄、受教育水平、是否有工作、是否务农),家庭特征(劳动力数量占家庭人口数量比重、人均耕地面积、家庭人均总资产、家庭成员是否担任村干部、住在村庄的亲戚人数、家庭成员身体不好的人数),地域特征(村庄的经济和交通便利程度、村庄所在地区是东中西部地区)和政策特征(是否获得农业补贴)。户主特征和家庭劳动力数量等信息通过合并个人数据和家庭数据获得;村庄的经济和交通便利程度通过问题"是否在公共交流平台上获取过服务信息"和"村庄是否开展交通道路建设""村庄是否为老年人提供照顾服务"进行衡量。相关变量描述性统计见表 6 - 1。

6.3.3　模型设定

本章通过构建一个有调节的中介模型,探究农地确权对农户收入的作用机制,考虑土地流转中介作用的同时,检验土地流转的中介过程是否受到农户异质性的调节,并分析何种情况下,土地流转的中介效应较强或较弱。构建模型并检验中介效应和调节效应的步骤和方法主要参考温忠麟等(2014)关于中介和调节效应模型的文献,使用依次检验的方法检验被调节的中介效应是否存在,如果依次检验结果显著,即足够支撑假设,不再进行系数乘积

表 6－1　相关变量描述性统计

	变量名称	确权农户				未确权农户			
		均值	标准差	最小值	最大值	均值	标准差	最小值	最大值
户主特征	户主性别	0.121696	0.3269794	0	1	0.102782	0.3037034	1	2
	户主年龄	59.64895	12.45411	22	100	59.8114	11.54612	24	97
	户主受教育水平	2.428689	0.9410511	1	7	2.550602	0.9554264	1	7
	户主是否有工作	0.7979075	0.4016162	0	1	0.8285658	0.3769251	0	1
	户主是否务农	0.530011	0.4991672	0	1	0.5975538	0.4904393	0	1
	劳动力数量占比	0.5154076	0.3474608	0	1	0.5106683	0.350977	0	1
家庭特征	人均耕地面积（单位：亩）	2.045514	8.967296	0.0013125	500	3.292294	12.68948	0.0015	501.5
	家庭总资产	297671.9	624875	53.06284	1.66e+07	301459.6	614824.5	0	2.00e+07
	是否有村干部	0.0581476	0.2340632	0	1	0.0677966	0.251427	0	1
	住在村庄的亲戚数量	2.678424	1.112934	1	4	2.721027	1.109062	1	4
	身体不好与非常不好的家庭人数	0.6674009	0.8649069	0	5	0.6750838	0.8693073	0	5
地域特征 所在村庄的经济和便利程度	是否在社区公共交流平台上获得过社区服务信息	0.0220264	0.1467896	0	1	0.0359045	0.1860705	0	1
	村庄是否开展交通道路建设或为老年人等提供照顾服务	0.8901432	0.3127543	0	1	0.910436	0.2855843	0	1
所属地区	东部	0.3595815	0.4799438	0	1	0.3081476	0.4617734	0	1
	中部	0.372522	0.4835429	0	1	0.3602288	0.480114	0	1
	西部	0.2678965	0.4429243	0	1	0.3316236	0.470843	0	1
政策补贴	是否获得过农业补贴	0.704	0.4565704	0	1	0.7817874	0.4130826	0	1

的区间检验和中介效应差异检验。

　　本章关心农地确权是否显著影响农户收入，因此，首先检验农地确权和农户收入的相关关系是否显著，同时检验农户异质性的直接调节效应。构建方程（6-1）（检验直接调节效应是否存在）和方程（6-2）（检验农地确权与农户收入相关关系是否显著）：

$$Y = c_0 + c_1 X + C_2 U + c_3 UX + c_4 X_i + e \qquad (6-1)$$

$$Y = c_0' + c_1' X + c_2' X_i + e_1 \qquad (6-2)$$

　　其次检验土地流转的中介效应是否存在，构建方程（6-3）和方程（6-4）：

$$W = a_0 + a_1 X + a_2 X_i + e_2 \qquad (6-3)$$

$$Y = c_0'' + c_1'' X + c_2'' M + c_3'' X_i + e_3 \qquad (6-4)$$

　　最后检验农户异质性的调节效应是否存在，如果方程（6-1）中 c_3 不为 0，即农地确权与农户异质性的交互项系数显著，则检验方程（6-5）和方程（6-6），否则检验方程（6-5）和方程（6-7）：

$$W = a_0' + a_1' X + a_2' U + a_3' UX + a_4' X_i + e_4 \qquad (6-5)$$

$$Y = c_0''' + c_1''' X + c_2''' U + c_3''' UX + b_1 W + b_2 UW + b_3 X_i + e_5 \qquad (6-6)$$

$$Y = c_0''' + c_1''' X + c_2''' U + b_1 W + b_2 UW + b_3 X_i + e_5 \qquad (6-7)$$

　　上述方程中，Y 表示农户家庭人均收入的对数，X 表示是否参与农地确权，U 表示农户异质性，即从方程（6-1）~方程（6-6）代表农户家庭土地依赖程度逐渐增加；W 表示是否参与土地流转，X_i 为各控制变量，各变量前字母代表系数值；若 a_1、c_2'' 分别显著，则表示存在中介效应，其次检验 a_1'、a_3'、b_1 和 b_2 是否显著，以此判断调节效应是否存在以及存在于前半路径还是后半路径。

　　为了避免交乘项与单个变量之间的多重共线性问题，本章对调节效应的交乘项进行了标准化处理。考虑方程（6-3）和方程（6-5）被解释变量为二元离散变量，使用 logit 模型，其余方程使用最小二乘法进行检验。

6.4　实证结果分析

　　模型 1 为检验农户异质性的直接调节效应；模型 2 单独将农地确权对农

户收入进行回归；模型3单独将农地确权对土地流转进行回归；模型4将农地确权和土地流转同时对农户收入进行回归；模型5和模型6检验农户异质性的调节效应，模型5将农地确权、农户异质性和二者交互项对农户收入进行回归，模型6在模型5的基础上加入土地流转以及土地流转与农户异质性的交互项进行回归，依据模型5和模型6判断调节效应的存在路径。

具体分析表6-2，模型1的回归结果表明，农地确权以及农户异质性和农地确权的交互项系数显著，即农户异质性在农地确权对农户收入的影响过程中具有显著的正向调节作用，且农地依赖程度较强的农户家庭，确权带来的收入效应更为显著，假设H3a成立。土地依赖程度较强的农户家庭往往以土地谋生存，掌握着较高的农业生产技术和技能，农地确权通过发挥产权的安全性和稳定性，激励农户家庭加大对土地的投资利用，从而提高家庭人均收入；土地依赖程度一般的农户家庭，虽然农地确权起到稳定农户心理预期收益的作用，促使农户增加农业或非农就业时间和投入，从而提高农户家庭人均收入，但是这部分农户家庭往往既缺乏农业生产技能又拥有较低的非农就业竞争力，确权带来的增收效应相对较低；土地依赖程度较弱的农户家庭，如非农发展类农户和农业自给类农户，基本实现了家庭非农化，农地确权通过发挥产权的排他性带来的非农劳动力转移和增加就业时间从而增加收入的效果不明显。

表6-2　　　　　　　　　　　模型估计结果

变　量	家庭人均收入	家庭人均收入	土地流转	家庭人均收入	土地流转	家庭人均收入
	模型1	模型2	模型3	模型4	模型5	模型6
农地确权	0.239 *** (0.03)	0.220 *** (0.03)	0.230 *** (0.06)	0.213 *** (0.03)	0.272 *** (0.06)	0.231 *** (0.03)
农户异质性	−0.153 *** (0.01)				0.045 ** (0.02)	−0.151 *** (0.01)
农户异质性×农地确权	0.034 ** (0.01)				−0.010 (0.03)	0.031 ** (0.01)
土地流转				0.169 *** (0.03)		0.164 *** (0.03)
农户异质性×土地流转						0.065 *** (0.01)

续表

变　量	家庭人均收入	家庭人均收入	土地流转	家庭人均收入	土地流转	家庭人均收入
	模型1	模型2	模型3	模型4	模型5	模型6
户主性别	0.118 ** (0.05)	0.139 *** (0.04)	− 0.211 ** (0.10)	0.146 *** (0.04)	− 0.196 * (0.11)	0.127 *** (0.05)
户主年龄	0.009 *** (0.00)	0.012 *** (0.00)	0.004 (0.00)	0.011 *** (0.00)	0.006 (0.00)	0.009 *** (0.00)
户主受教育水平	0.094 *** (0.02)	0.088 *** (0.01)	− 0.029 (0.03)	0.089 *** (0.01)	− 0.066 * (0.04)	0.095 *** (0.02)
户主是否有工作	0.488 *** (0.05)	0.569 *** (0.05)	0.052 (0.12)	0.568 *** (0.05)	0.199 (0.13)	0.486 *** (0.05)
户主是否务农	− 0.444 *** (0.04)	− 0.536 *** (0.03)	0.277 *** (0.08)	− 0.545 *** (0.03)	0.185 ** (0.08)	− 0.454 *** (0.04)
劳动力数量占比	0.283 *** (0.05)	0.318 *** (0.05)	0.413 *** (0.10)	0.305 *** (0.05)	0.449 *** (0.11)	0.262 *** (0.05)
人均耕地面积（亩）	0.011 *** (0.00)	0.011 *** (0.00)	0.004 (0.00)	0.011 *** (0.00)	0.003 (0.00)	0.011 *** (0.00)
家庭总资产	0.183 *** (0.01)	0.186 *** (0.01)	0.030 (0.03)	0.185 *** (0.01)	0.036 (0.03)	0.181 *** (0.01)
是否有村干部	0.090 (0.06)	0.071 (0.05)	0.135 (0.11)	0.067 (0.05)	0.165 (0.12)	0.085 (0.06)
住在村庄的亲戚数量	0.028 ** (0.01)	0.033 *** (0.01)	− 0.023 (0.03)	0.034 *** (0.01)	− 0.020 (0.03)	0.029 ** (0.01)
身体不好与非常不好的家庭人数	− 0.159 *** (0.02)	− 0.159 *** (0.01)	− 0.060 * (0.03)	− 0.157 *** (0.01)	− 0.070 * (0.04)	− 0.157 *** (0.02)
是否在社区公共交流平台上获得过社区服务信息	0.138 * (0.08)	0.087 (0.08)	− 0.021 (0.16)	0.088 (0.07)	− 0.014 (0.17)	0.139 * (0.08)
村庄是否开展交通道路建设或为老年人等提供照顾服务	0.103 ** (0.05)	0.087 ** (0.04)	− 0.002 (0.10)	0.087 ** (0.04)	− 0.026 (0.11)	0.102 ** (0.05)
中部	0.171 *** (0.03)	0.128 *** (0.03)	0.295 *** (0.07)	0.119 *** (0.03)	0.265 *** (0.08)	0.156 *** (0.03)

续表

变　量	家庭人均收入	家庭人均收入	土地流转	家庭人均收入	土地流转	家庭人均收入
	模型 1	模型 2	模型 3	模型 4	模型 5	模型 6
西部	-0.137*** (0.04)	-0.135*** (0.03)	0.379*** (0.07)	-0.146*** (0.03)	0.338*** (0.08)	-0.151*** (0.04)
是否获得过农业补贴	0.041 (0.03)	0.039 (0.03)	0.158** (0.07)	0.034 (0.03)	0.144** (0.07)	0.037 (0.03)
_cons	7.613*** (0.20)	7.063*** (0.18)	-1.657*** (0.40)	7.037*** (0.18)	-1.884*** (0.44)	7.580*** (0.20)
N	5887	6946	6946	6946	5887	5887
R^2	0.188	0.142		0.146		0.196

注：*、**、***分别表示 $p < 0.1$，$p < 0.05$，$p < 0.01$；括号内数字为标准误。模型设立前，已经对所选变量进行了残差的正态分布检验和多重共线性检验，结果显示所有解释变量之间不存在高度的多重共线性。

　　模型 2 的回归结果表明，农地确权对农户收入具有显著的正向影响，表明农地确权带来产权的稳定性、安全性和排他性的提高，使得农户更放心地将劳动力和土地资源用于更多的生产性活动，如加大农业投资、增加劳动力农业和非农务工时间，从而增加农户收入，假设 H1 成立。模型 3 表明农地确权对土地流转具有显著的正向影响，即参与农地确权的农户更可能作出土地流转决策。模型 4 表明农地确权和土地流转同时对农户家庭人均收入具有显著的正向影响，且农地确权的影响系数由 0.220 下降到 0.213，表明土地流转的中介效应的存在，因为农地确权对农户收入具有显著的正向影响，所以土地流转起到部分中介作用，即农地确权通过促进农户参与土地流转从而增加农户收入。从理论上讲，土地流转是农户调整家庭经济资源的一种方式，通过参与土地流转，转入户将扩大规模经营，增加农业生产效率和产量，从而提高农户收入；转出户通过转出农地，获得租金收入，同时解放农村剩余劳动力，增加非农就业时间，提高劳动力非农收入，从而提高家庭人均收入，假设 H2 成立。

　　模型 5 表明农地确权对土地流转的回归系数显著，农户异质性与农地确权的交互项对土地流转的回归系数不显著；模型 6 表明农户异质性与土地流转的交互项对家庭人均收入的回归系数显著且为正，即方程（6-5）a_1' 与方程（6-6）b_2 均不为 0，因此拒绝原假设。认为农户异质性正向调节了土地流转在农地确权与农户收入之间发挥的中介效应，随着农户家庭农地依赖度的提高，农地确权通过土地流转带来的收入效应更为显著，且这种调节作用发挥在土地流转对农户收入的影响机制中，即中介模型的后半路径，假设H3b 成立。农地确权促使不同农地依赖程度的农户家庭作出土地流转决策，但是对农地依赖程度较弱的农户家庭而言，一方面，由于产权的经济性风险无法避免，土地流转市场发育不完善，流转租金的增收效果不显著；另一方面，限于劳动力转移政策不完善，土地流转带来的释放家庭剩余劳动力作用不明显。因此，农地依赖程度较弱的农户家庭通过土地流转带来的增收效应较低。

本章采用模型 6 的回归结果对相关控制变量的影响效应进行分析。在户主特征方面，户主性别、年龄、受教育水平、是否有工作在 1% 的水平下显著，且正向影响农户家庭人均收入，户主是否务农在 1% 的水平下负向影响农户家庭人均收入，即户主以务农为主要工作的农户家庭年人均收入较低；在家庭特征方面，劳动力数量占比、人均耕地面积、家庭总资产、身体较差的家庭成员人数在 1% 的水平下显著影响家庭人均收入，而家庭成员是否担任村干部对家庭收入的影响不显著，从模型 5 可以看出，家庭成员是否担任村干部对家庭土地流转决策的影响也不显著；在村庄特征方面，经济发展较好、交通较为便利的村庄家庭人均收入也较高，位于西部地区的村庄家庭人均收入水平相较于位于东部和中部地区的村庄家庭人均收入水平较低。

6.5　稳健性检验

为检验上述模型结果的可靠性，首先，检验模型整体稳健性。将核心解释变量设置为是否领取了土地经营权证书，"1" 表示已经领取土地经营权证书，"0" 表示尚未领取土地经营权证书。筛选后得到有效样本 8668 份。进行中介效应和调节效应检验后得到表 6 - 3 结果。由表 6 - 3 可知，农地确权对农户家庭人均收入的影响依旧显著，加入土地流转变量后，农地确权的系数由 0.108 降为 0.100，表明土地流转的中介效应仍然存在。模型 11 表明农地确权的系数显著，模型 12 表明农户异质性与土地流转系数显著，且为正。因此，农户异质性对土地流转带来的收入效应的调节作用仍然存在，且农户家庭农地依赖度越高，土地流转发挥的中介效应越强。

表 6 - 3　　　　　　　　　　　　模型总体检验

变 量	家庭人均收入	家庭人均收入	土地流转	家庭人均收入	土地流转	家庭人均收入
	模型 7	模型 8	模型 9	模型 10	模型 11	模型 12
农地确权	0.124 *** (0.03)	0.108 *** (0.03)	0.217 *** (0.06)	0.100 ** (0.03)	0.191 *** (0.06)	0.116 *** (0.03)
农户异质性	-0.149 ** (0.01)				0.046 ** (0.02)	-0.147 *** (0.01)
农户异质性×农地确权	-0.010 (0.01)				0.007 (0.03)	-0.013 (0.01)
土地流转				0.181 *** (0.03)		0.178 *** (0.03)
农户异质性×土地流转						0.070 *** (0.01)
控制变量	控制	控制	控制	控制	控制	控制
_cons	7.559 *** (0.20)	7.054 *** (0.18)	-1.525 *** (0.40)	7.022 *** (0.18)	-1.740 *** (0.404)	7.518 *** (0.20)
N	5888	6936	6936	6936	5888	5888
R^2	0.178	0.136		0.141		0.188

注：*、**、*** 分别表示 $p < 0.1$、$p < 0.05$、$p < 0.01$；括号内数字为标准误。

其次，使用倾向得分匹配法（PSM）检验农地确权对农户收入的影响，倾向得分匹配法可以弥补 OLS 回归可能存在的估计偏差。按照选择协变量、估计倾向得分、进行倾向得分匹配的方法，根据匹配后样本得到平均处理效应（ATT），表 6 - 4 展示了通过近邻匹配、半径匹配和核匹配对数据进行匹配后得到的农地确权的家庭人均收入效应结果。分析发现，三种方法得到的处理组平均处理效应分别为 17.8%、14.3%、17.3%，且均在 1% 水平上显著。三种匹配方法得到的估计结果相似，在一定程度上反映了匹配结果的稳健性，且结果与 OLS 方法估计结果一致，即农地确权确实存在明显的增收效应。

表 6 - 4　　　　　　　　　农地确权的收入效应检验

匹配方法	处理效应	处理组	控制组	差距	标准误	T 检验值
	匹配前	8.91398245	8.6980642	0.215918247	0.027854519	7.75 ***
近邻匹配	ATT	8.91398245	8.73638304	0.177599411	0.038160152	4.65 ***
半径匹配	ATT	8.89430522	8.75163446	0.142670758	0.030802241	4.63 ***
核匹配	ATT	8.91398245	8.74117357	0.172808878	0.029510364	5.86 ***

注：***、**、* 分别代表 1%、5%、10% 的显著性水平。

为保证倾向得分匹配估计结果的可靠性，进行了平衡性检验（见表 6-5），匹配后观测变量的平均标准差均大幅下降，pseudo-R² 值分别下降至 0.001、0.000、0.001，各项指标均表明匹配后样本具有良好的组间平衡性，样本匹配质量良好。

表 6-5　　　　　　　　　　　　平衡性检验

匹配方法	样本	Ps R²	LR chi2	p > chi2	MeanBias	MedBias	B
	匹配前	0.033	313.30	0.000	11.5	11.6	43.6 *
近邻匹配	匹配后	0.001	6.37	0.783	1.7	1.6	5.6
半径匹配	匹配后	0.000	4.97	0.893	1.3	1.5	5.0
核匹配	匹配后	0.001	8.79	0.552	1.8	1.6	6.5

注：* 表示 B 值大于 25% 的临界值。

最后，以农地转入和农地转出代替是否参与土地流转分别作为中介变量，检验土地流转的中介效应。表 6-6 为以是否参与农地转入为中介变量进行回归的结果。模型 14 表明农地确权的收入效应显著，加入土地流转后，农地确权的系数由 0.220 降至 0.217，农地转入的中介作用存在。表 6-7 为以是否参与农地转出为中介变量进行回归的结果，由表 6-7 可知，农地确权的收入效应显著，加入土地流转变量后，农地确权的系数由 0.220 降至 0.214，农地转出的中介作用存在。

表 6-6　　　　　　　　　　农地转入的中介效应检验

变　量	家庭人均收入	农地转入	家庭人均收入
	模型 13	模型 14	模型 15
农地确权	0.220 *** (0.03)	0.114 * (0.07)	0.217 *** (0.03)
农地转入			0.146 *** (0.03)
控制变量	控制	控制	控制
_cons	7.342 *** (0.14)	−1.548 *** (0.36)	7.313 *** (0.14)
N	6946	6946	6946
R²	0.142		0.145

注：*、**、*** 分别表示 p<0.1、p<0.05、p<0.01；括号内数字为标准误。

表 6 - 7 　　　　　　　　　　　农地转出的中介效应检验

变　量	家庭人均收入	农地转出	家庭人均收入
	模型 16	模型 17	模型 18
农地确权	0.220 ***	0.481 ***	0.214 ***
	(0.03)	(0.01)	(0.03)
农地转入			0.178 ***
			(0.05)
控制变量	控制	控制	控制
_cons	7.342 ***	- 5.801 ***	7.363 ***
	(0.14)	(0.55)	(0.14)
N	6946	6946	6946
R²	0.142		0.144

注：* 、** 、*** 分别表示 $p < 0.1$、$p < 0.05$、$p < 0.01$；括号内数字为标准误。

虽然稳健性检验的回归系数与上文回归结果存在差异，但其作用方向和显著性水平与前文基本一致，因此，主要结论并未发生实质变化。另外，由于农户家庭人均收入与其土地流转决策不完全在同一年度，因此认为土地流转与农户家庭人均收入之间存在内生性的可能性不大。

6.6　结论与政策启示

本章借助 2015 年 CHFS 家庭数据，采用有调节的中介效应模型对农地确权、土地流转与农户收入之间的关系进行了实证分析。得到的主要研究结论如下：农地确权通过提高实际产权安全和感知产权安全，正向促进农户家庭人均收入；农地确权不仅自身对农户收入的正向作用显著，还通过促进农户家庭参与土地流转进而提高家庭人均收入，即土地流转在农地确权与农户收入间起到部分中介作用，且稳健性检验结果显示，农地转入和农地转出均在农地确权与农户收入之间起到中介作用；农户异质性在农地确权对农户收入以及土地流转对农户收入的影响中分别起到显著的正向调节作用，在较高农地依赖程度下，农地确权对农户家庭收入的正向影响将得到增强，土地流转在农地确权与农户家庭收入的中介效应也将得到增强。总之，本章通过构建农地确权、土地流转、农户收入和农户异质性的理论框架，通过依次检验法实证分析农地确权和农户收入的作用机制，发现，农地确权通过激励农户参与土地流转市场，稳定增加各类农户的家庭人均收入。具体而言，农地依赖程度越高的农户家庭，通过土地流转带来的增收效应更为显著。

基于上述研究结论，建议农地确权颁证工作结束后，政府应针对不同类型农户尽快完善相关配套制度改革：

第一，对农地依赖程度较弱的农户家庭而言，通过农地确权政策提高其家庭人均收入的效果较差，现有政策难以解决土地产权的经济性风险，土地流转过程中，无法保证转出户土地能够按期保质收回，降低了农地依赖程度较弱的农户家庭通过农地确权带来的增收效应。因此，在建立明晰的农地权属关系的基础上，应不断完善土地流转市场契约签订机制，严格管制农地粗放利用情况，降低农地产权的政策性风险和经济性风险，从而促进农地依赖程度较弱的农户家庭积极参与土地流转，将土地转给农业生产大户或合作社以取得较高的土地租金，进而显著增加农户家庭人均收入。

第二，对农地依赖程度一般的农户家庭而言，一方面，鼓励有能力并且有意愿的农户家庭积极转入土地，并开展相应的农民培训，加强农户农业技能训练和培育农户抵抗风险的能力，促使农户家庭形成农业规模化经营，从而提高家庭收入；另一方面，鼓励家庭劳动力没有彻底向非农部门转移，但非农收入占家庭总收入较多的农户家庭积极参与非农就业职业技能培训，并完善城乡居民社会保障制度，提高农户进城就业能力和基本生存保障，激励农户家庭转移剩余农村劳动力，通过非农就业和土地租金提高农户家庭收入。

第三，对农地依赖程度较强的农户家庭而言，通过农地确权政策达到的增收效果明显。因此，应通过政策支持、资金支持和物质奖励，鼓励农地依赖程度较强的农户家庭扩大农业经营规模，增加农业短期和长期投资，通过大规模农业生产经营，减少农业生产成本，进一步提高农户家庭收入水平。

第7章 生计多样性视角下农地确权对农村劳动力转移的影响分析

7.1 引　　言

2019 年 12 月 21 日，中央农村工作会议提出了集中力量打好深度攻坚战、巩固脱贫成效、扎实推进乡村振兴等一系列重大目标。其中，完善的农地产权制度是接下来农村改革的关键任务。

随着农地确权工作的基本完成，如何进一步发挥农场土地承包经营权确权政策的制度绩效成为学界关注的焦点，其政策效果发挥对于能否实现农村土地三权分置、城乡统筹发展等目标具有决定性的作用。其中，发挥促进农村劳动力非农转移的制度绩效是当前和今后政府促进农民增收和消除贫困的重要举措之一。因此，本章聚焦于劳动力配置的层面，讨论农地确权政策对农村劳动力就业的影响和机制。

7.2 文献综述

现有文献关于农地确权政策对劳动力配置的影响及其作用机制形成了较为丰富的成果，但对农户非农就业影响的研究结论并非完全一致。

总体而言，农地确权强化了土地权利，改变了家庭务农收益与外出务工的迁移成本和机会成本，进而影响城乡收入预期（何微微和胡小平，2017），同时降低了进城务工人员的失地风险（Mullan et al.，2011），影响劳动力在农业部门与非农部门流动的决策。

具体地，研究广泛涉及了作用机制的直接效应和间接效应。支持农地确权能够促进劳动力转移的学者认为，对于有非农就业机会和已经外出务工的农户的来说，新一轮农地确权明确了承包地的四至界限、面积大小等，强调"生不增、死不减"（罗必良，2017），增强了农地的可交易性，降低了农地流转过程中的纠纷解决成本以及承租方机会主义行为的可能性；也有研究证实，农地确权政策的实施有利于提高土地租金（程令国等，2016），租出农地所带来的财产性收入降低了劳动力转移成本、减少了家庭失去农业经营劳动力的机会成本（李宁等，2020），改善农地转让权有利于进一步促进劳动力转移并显著缩小城乡收入差距（刘晓宇和张林秀，2008）。此外，农地确权赋予农地以抵押、担保权能，信贷支持缓解了外出劳动力的资本约束，能够为土地所有者提供从事农业经营或非农务工甚至非农创业的融资；同时，刘晓宇（2008）等认为，稳定的土地产权降低了因土地调整、土地征用等导致的失地或换地风险，为进城务农人员提供了就业保障与财产权保障。简而言之，确权能够通过风险降低效应、收入效应与资产增强效应促进劳动力非农务工。

还有一些基于其他研究视角的文献，如陈江华、罗明忠和洪炜杰（2020）对江西农户调查数据的实证研究发现，农地确权固化了土地细碎化格局，不利于农业规模化经营，成为农村劳动力进入非农部门的重要间接原因。得和莱尔（Do and Iyer，2008）发现，越南的农地确权政策实施后，农户更倾向于种植经济周期更长的农作物，这在短期内释放了部分农业劳动力转向非农业生产部门。

也有文献表明，对于有意继续从事农业生产的农村劳动力而言，确权提高了地权安全性，有利于扩大资本与劳动力投入规模。农地确权通过降低流转交易成本，激励农业经营者进一步扩大规模化经营。例如，张莉等（2018）基于2014年中国劳动力调查微观数据，从转移成本效应与生产率效应视角出发检验农地确权对劳动力转移的影响发现，目前我国农地产权处于初步强化阶段，确权促进了农业生产率的提高，进而促使家庭选择继续从事农业。林文声和王志刚（2018）采用2011年与2013年中国健康与养老追踪调查数据进行实证分析的研究表明，农地产权改革通过增强地权稳定性和地权可交易性两种途径显著增加了农户农业经营投入和家庭务农时间。

农地确权也并不必然促进农地流转，钟文晶、罗必良（2016）在研究中提出，农地确权可能加剧了农民对土地的禀赋效应，从而抑制了土地租出。但刘同山和孔祥智（2014）认为农地流转弱化了流动人口与农村的联系，将土地禀赋对农业转移人口市民化的阻力转化为推力。韩家彬、刘淑云和张书凤（2019）从不完全契约理论视角出发、采用村级数据的实证研究证实，农地确权政策限制了政府和村集体夺取农民手中农地剩余控制权的行为，促进了农户流转土地和财产性收入的增加，进而促进了确权村劳动力在本村的非农就业与外出务工。

此外，稳定的地权通过增加农业经营收入预期，加大了农业劳动力转向非农就业的机会成本，进而阻碍劳动力向非农产业转移。仇童伟、罗必良（2017）认为在劳动力流动性明显增强的社会背景下，基于村庄自发秩序的产权界定和地权治理方式而非法律层面的土地确权政策能够继续促进劳动力非农转移，在农地流转市场发育滞后的村庄，这种激励作用显著增强。

综上所述，农村土地确权强化了农民土地权利，这种外生制度变迁可能从农业经营、农地流转、信贷水平几方面影响农村家庭土地与劳动力资源的配置（李江一，2020）。以上的研究对推动农地"三权分置"、充分激发"人"的要素与"土地"要素活力具有重要意义，但仍存在一定的不足。尽管大多研究表明，农地确权政策的实施对劳动力流动具有显著影响，并且详细地论述了其内在影响机制，但均未考虑到不同生计类型的家庭对确权政策的响应，新迁移经济学派认为，迁移决策是农业转移人口在综合考虑家庭劳动力和资源禀赋后、为突破家庭生计资本限制所作出的规避风险、增大收益的理性选择（Yuen-Fong and Woon，1999；Goldstein，1987）。

本章进一步讨论农地确权政策影响异质性农户劳动力决策的不同适用场景。洪贝吉（Houngbedji，2015）采用倾向匹配—双重差分模型考察了农地确权政策对劳动力配置影响发现，农地确权显著降低了家庭中男性的农业劳动供给，但未进一步验证农地确权是否会增加农户的非农业劳动供给。考虑到家庭生计多样性对农户就业联合决策的影响，家庭非农就业机会增加时，家庭收入结构的非农化降低了农户对农业经营的依赖性，从而使得经营权不稳定对农村劳动力非农转移的作用趋弱。朱建军和张蕾（2019）对劳动力异质性的研究发现，年龄越小、家庭人口越多、男性劳动力对确权感知更明显，家庭人均收入更高、非农业收入比重较高的家庭外出务工意愿越强。进一步细分农户类型，韩家彬、刘淑云和张书凤（2019）发现，确权促进了农业规模经营，同时降低了外出务工者非农就业的机会成本，由此增加了纯农型和兼业型农户的农业投入时间，却能够进一步增加纯非农就业型农户的非农就业时间。

就具体机制而言，首先，农地确权颁证能够显著激励农民增加农业投入（林文声等，2017；叶剑平等，2010）和改善土壤长期肥力（俞海等，2003；黄季焜和冀县卿，2012）。这一路径中，由于农户生计的异质性导致家庭在确权政策响应下的农业要素投入结构存在差异，确权通过影响农村土地资源的利用方式和效率，进而影响家庭劳动力资源的利用方式和效率（许庆和陆钰凤，2018）。叶剑平等（2010）认为，持有合规合同或证书有利于具有农业优势的农户增强地权稳定性信心、扩大生产规模。同时，农户对农业的长期投资也会受到家庭收入结构中农业收入占比的影响，其投资水平进一步影响了家庭劳动力就业选择，盖布鲁和霍尔顿（Ghebru and Holden，2015）的研究认为，明晰的土地产权强化了农户的投资收益预期与地权可交易预期，促使农户进一步加大土壤保护、新技术应用等农业投资强度，进而提高农业生产效率。随着非农就业机会增加，农业比较效益降低，农户可能减少农业长期投资，进而削弱农业经营对劳动力外流的抑制效应。这种影响对土地和资本禀赋优势更大的农户影响更为显著（洪伟杰和胡新艳，2019）。

其次，地权稳定、发育成熟的土地交易市场对农村劳动力非农就业具有显著正向影响（田传浩和李明坤，2014），高效的土地流转市场减少了捆绑在土地上的低效率农业生产劳动力。王等（Wang et al.，2018）认为，这种促进作用在户主年龄超过55岁与户主常年外出务工的农户上体现得更为明显。也有研究证实了家庭非农就业率、非农资产比重等与农地流转率间存在的相互影响（谭丹和黄贤金，2007；金松青和Klaus，2004）。

最后，信贷约束抑制了农民择业，农民的财产水平是影响金融机构放贷规模的主要原因（平新乔等，2012），而确权提高了农地资源的财产权效应，有利于获得农地抵押贷款，为家庭劳动力配置及多种形式非农就业提供了资金支持，甚至可能激励农业转移劳动力通过创业决策雇用劳动力（苏岚岚和孔荣，2020）。然而，钟甫宁和纪月清（2009）认为农地确权制度本身并不能保证农业经营效益与信贷机会增加，只有对拥有充分非农机会的家庭来说，稳定的地权才会扩大农户的土地经营规模并刺激农业投资。黄宇虹实证研究结果表明，农地确权政策能够通过增加非农务工与非农创业促进劳动力流动基准模型中，确权对农民创业的影响并不显著。只有当给予农户充分的金融服务时，这种作用才会凸显，良好的金融环境挤出了非农受雇中的非农创业劳动力。林文声和王志刚（2018）认为，当农户所拥有的农业资源禀赋更强、所处金融环境更好时，确权发挥了显著的生产投资效应；而村庄流转市场发育更完善的家庭更倾向于出租土地，确权政策对其农业生产投资无法发挥显著影响作用。

由此，本书认为，不同生计类型的农户的产权诉求不同、面临的发展约束也不同，对确权政策存在着主观认知差异与行为响应差异（许恒周和郭中兴，2011），而土地权益的明晰进一步影响了产权所有者如何重组生计资本、通过农地流转市场、资本与技术投入、金融市场等作用机制将土地产权合理转化为进入非农部门发展的动力（杜巍等，2018）。而现有研究并未考虑农户在家庭生计选择与劳动力配置决策之间的逻辑次序问题，本书明确这一困扰该领域的内生性问题，构建出"农户生计多样性—农地确权—劳动力流动"的实证研究框架。

基于以上分析，本章以农地确权政策的实施为逻辑起点，基于农户生计多样性视角，深入探讨确权影响异质的内在机制，考察农地确权在不同生计类型农户劳动力流动过程中发挥的重要作用，在此基础上，提出后续优化农地产权制度改革效果的政策路径。

7.3　模型设定

为了更好地识别农地确权与劳动力流动之间的因果关系，避免内生性问题。本书基于 CHFS2013 年与 2015 年两期追踪数据，依是否参与确权政策（D）定义处理组（赋值为 1）与对照组（赋值为 0），同时依农地确权前后（Dt）构造政策实施期虚拟变量，将农户取得确权证书之前（2013）年赋值为 0，取得确权证书之后（2015）年赋值为 1，并进一步设置反映农地确权政策净效应的交互项（Du * Dt），首先从个体层面验证农地确权对劳动力流动的影响，模型设定如下：

$$Y_{it} = \alpha + \beta Du_i \times Dt_t + \gamma X_{it} + u_i + c_i + \varepsilon_i$$

其中，Y_{it} 为被解释变量，表示农民是否参与非农务工哑变量，若参与非农务工则取值为 1，否则取值为 0。D_i 表示个体 i 所在家庭是否获得农地确权证书哑变量，若获得确权证书取值为 1，否则取值为 0；Dt 表示政策发生前后哑变量，第 t 期在政策发生后取值为 1，否则取值为 0；X_{it} 为控制变量向量；u_i 表示时间固定效应，c_i 表示个体固定效应；ε_i 是随机误差项。

7.4 　数 据 来 源

　　研究数据来源于西南财经大学中国家庭金融调查与研究中心开展的中国家庭金融调查（CHFS）。该项目共收集了 2011 年、2013 年、2015 年和 2017 年的覆盖我国 29 个省份（包括青海和西藏）的样本数据，收集到有效样本分别达到 8438 户、28143 户、37341 户家庭，样本具有全国和省级代表性。不仅包含了个人、家庭、社区三个层面的信息，还包括了家庭土地确权、农业劳动与非农业劳动参与等信息。受到数据限制，本书选用的是 2013 年与 2015 年两期面板数据，2013 年《中共中央国务院关于加快发展现代农业进一步增强农村发展活力的若干意见》中提出全面开展农村土地确权登记颁证工作，目标是用 5 年时间基本完成农村土地承包经营权确权登记颁证工作，土地确权试点扩大到 105 个县，为全面铺开农村土地承包经营权确权登记颁证工作铺路（付江涛等，2016）。2014 年，为了实现农业的发展转型，中共中央办公厅、国务院办公厅印发了《关于引导农村土地经营权有序流转发展农业适度规模经营的意见》，将健全土地承包经营权登记制度、建立健全承包合同取得权利、登记记载权利、证书证明权利的土地承包经营权登记制度确立为稳定农村土地承包关系、促进土地经营权流转、发展适度规模经营的重要基础性工作。随后，2015 年我国继续全面推进农地确权政策的实施，扩大开展以县为单位的整体试点，试点村庄明显多于 2013 年，面板数据的选取具有代表性。本书保留了家庭 ID 匹配成功且进入"处理组"与"对照组"的样本。"处理组"即 2013 年未确权而 2015 年确权的农户，对照组为 2013 年和 2015 年均未确权的农户。样本限定为拥有农业户籍、家庭承包集体农地的农村居民，剔除在校学生、丧失劳动能力以及离退休的家庭成员，剔除 2013 年以前确权的样本，得到有效样本 2929 户家庭、10476 个家庭成员。同时，因一些变量存在缺失、异常值等，本书对选用数据进行了清洗，最终有效样本还会有所不同。

7.5 　变 量 与 描 述 统 计

　　本章探讨了农地确权对不同生计特征农户的家庭劳动力流动选择的影响，

参考中国社会科学院农村发展所 2002 年的划分标准，根据农户生计异质性将观测样本分为纯农户、兼业户和非农户，并且依农业收入占家庭总收入的比重将兼业户细分为：一兼户与二兼户，计四大类样本。

7.5.1 因变量选取

是否参与非农务工是本书最核心的被解释变量，将个体参与非农业劳动时赋值为 1，否则赋值为 0。本章定义的参与非农业劳动与具有正式工作中的"务农"选项相对应。由表 7-1 分样本主要统计性特征中可以看出，从 2013～2015 年，样本中从事非农业劳动的个体增加了 2.2 个百分点。此外，人均经营土地面积在全样本与各分样本中均有所增加，纯农户样本中人均经营土地面积增加幅度最为显著；受访农户农业生产成本的平均水平出现大幅度下降；受访者的农业经营时间与外出务工时间均显著增加，农业规模化经营取得显著成效，而家庭层面的农业经营比例与外出务工比例均有所下降。

表 7-1   样本描述性统计

变 量	全样本		纯农户		一兼型农户		二兼型农户		非农户	
	2013 年	2015 年	2013 年	2015 年	2013 年	2015 年	2013 年	2015 年	2013 年	2015 年
人均经营土地（亩）	1.42	1.62	2.60	3.25	2.36	2.74	1.72	1.92	0.96	1.07
农业生产成本（万元）	0.40	0.04	0.69	0.05	0.66	0.06	0.52	0.05	0.26	0.03
家庭农业经营比例	0.50	0.47	0.66	0.59	0.58	0.54	0.53	0.48	0.45	0.43
家庭外出务工比例	0.28	0.26	0.08	0.19	0.17	0.19	0.28	0.25	0.33	0.29
个人外出务工概率	0.42	0.44	0.12	0.25	0.25	0.31	0.39	0.41	0.51	0.51
个人农业经营时间（小时/年）	1295.65	1425.33	1431.675	1490.97	1369.03	1376.05	1299.264	1358.27	1261.45	1456.22
个人外出务工时间（小时/年）	1485.236	1666.78	1187.09	1642.08	1304.40	1532.21	1531.825	1650.99	1493.82	1692.14
观测值	7216	6322	517	525	922	816	1683	1498	4094	3483

7.5.2　自变量选取

根据"农户是否获得确权证书"设置二值变量，若农户在 2013 年和 2015 年两轮调查期间获得确权证书则取值为 1，否则取值为 0。前者为处理组，后者为对照组。10476 个有效样本中，共有 1422 位家庭成员进入处理组。

7.5.3　控制变量

参考李江一（2020）、韩家彬和刘淑云等（2019）关于农地确权与劳动力流动影响因素相关的研究，本章还控制了个体特征、家户特征等可能对劳动力流动产生影响的控制变量，具体包括样本个体婚姻状况、年龄、性别、受教育年限、身体状况、信息获取能力、参与培训情况。其中，样本的性别、年龄、受教育程度和身体状况几项不随时间变化的个人特征被用来识别个体的时间变动趋势。家庭特征包括家庭总人数、少儿抚养比和老年抚养比。此外，额外控制了地区虚拟变量，将样本所在地区划分为东部、中部、西部和东北部，东部包括北京、天津、河北、上海、江苏、浙江、福建、山东、广东和海南；中部包括山西、安徽、江西、河南、湖北和湖南；西部包括内蒙古、广西、重庆、四川、贵州、云南、西藏、陕西、甘肃、青海、宁夏和新疆；东北包括辽宁、吉林和黑龙江。控制变量的定义与描述性统计见表 7 - 2，可以看出，各组间样本特征分布较为均匀。

表 7 - 2　　　　　　　　农地确权与样本描述性统计

变　　量	定　　义	确权组均值	未确权组均值
非农务工	从事非农业劳动	0.42	0.43
家庭非农务工比例	非农务工人数/家庭核心劳动力总数	0.28	0.27
家庭务农比例	务农人数/家庭核心劳动力总数	0.50	0.48
非农务工时间	年非农务工投入时间（小时）	1565.74	1572.87
务农时间	年农业劳动投入时间（小时）	1280.70	1360.99
婚姻状况	已婚 = 1	1.91	1.89
性别	男性 = 1	1.45	1.46

续表

变 量	定 义	确权组均值	未确权组均值
年龄	连续变量	42.38	41.74
受教育年限	连续变量	12.3	12.2
身体状况	有慢性病 = 1	0.45	0.31
家庭总人数	连续变量	5.07	5.26
少儿抚养比	家庭 16 岁以下儿童占比	0.13	0.14
老年抚养比	家庭 60 岁以上老人占比	0.26	0.23
信息获取能力	对经济相关信息关注程度（1 – 5）	3.95	4.07
参加就业培训	上过经济类课程 = 1	0.02	0.02

7.6　研究结果与分析

7.6.1　农地确权影响劳动力非农就业的回归结果

回归模型控制了个体的不随时间变化特征的变动趋势、不同地区的时间趋势以及时间固定效应，以确保处理组与对照组满足共同趋势假定。表 7 – 3 回归结果显示，农地确权显著提高了全样本个体参与非农务工的概率，相比未确权家庭，农地确权能够使受访者参与非农务工的概率提高约 2.1 个百分点。分样本检验结果表明，农地确权对纯农户与兼业户、纯非农户家庭成员非农业参与的影响作用不一。其中，农地确权能够显著减少纯农户家庭成员非农务工的概率，却能够显著增加一兼户和纯非农户家庭成员的非农务工概率；农地确权对二型兼业户成员非农劳动参与的影响作用为正，但并不在 5% 统计水平上显著。

表 7 – 3　　　　　　　　农地确权对非农务工的影响

变　量	非农务工				
	全样本	纯农户	一兼型农户	二兼型农户	纯非农户
Du * Dt	0.0217 *** (16.29)	- 0.694 *** (-10.97)	0.00717 *** (15.37)	0.0106 (1.54)	0.0792 *** (36.05)
婚姻状况	- 0.0881 *** (-13.43)	0.0381 (0.34)	- 0.176 *** (-374.83)	- 0.123 *** (-55.25)	- 0.00735 (-0.52)

续表

变 量	非农务工				
	全样本	纯农户	一兼型农户	二兼型农户	纯非农户
经济信息关注度	0.00179 *** (3.55)	0.00359 (0.38)	− 0.00248 *** (− 11.09)	− 0.00578 *** (− 10.66)	0.00129 (0.57)
参与经济培训	0.0371 *** (4.20)	− 0.232 *** (− 3.47)	0.0152 (1.22)	0.0623 *** (8.06)	0.123 *** (6.83)
家庭总人口	0.00134 (0.41)	0.00947 (1.25)	0.0123 *** (5.10)	− 0.0123 *** (− 4.02)	− 0.0000315 (− 0.01)
少儿抚养比	0.0477 *** (− 6.09)	− 0.0681 * (− 2.17)	− 0.0471 ** (− 2.77)	0.00149 (0.43)	− 0.114 *** (− 3.60)
老年人抚养比	− 0.114 *** (− 8.74)	0.103 ** (2.73)	0.142 *** (23.52)	0.157 *** (42.68)	0.0806 ** (3.01)
时间固定效应	控制	控制	控制	控制	控制
不随时间变化特征 × Dt	控制	控制	控制	控制	控制
地区哑变量 × Dt	控制	控制	控制	控制	控制
常数项	0.868 *** (98.48)	− 0.263 (− 1.83)	0.675 *** (31.63)	1.333 *** (106.70)	0.621 *** (31.98)
N	10914	263	2211	5291	3149

注：括号中为 t 统计量；* 、** 、*** 分别代表显著性为 10%、5% 和 1%。

7.6.2 PSM-DID 回归结果

为了确保估计结果的稳健性，本章采用倾向匹配双重差分模型（PSM-DID）来缓解样本的自选择问题，运用一对一匹配方法对农地确权与劳动力决策行为间的关系进行检验。具体地，选取的匹配向量及平衡性检验结果见表 7 - 4，由结果可知，匹配之后大多数匹配变量的均值在处理组和对照组之间的标准化偏差明显缩小，各变量在处理组和对照组间达到了较为均匀的分布。从表 7 - 5 的 PSM-DID 的回归结果可以看出，农地确权对劳动力非农务工的促进作用仍然显著，这进一步印证了前文统计分析结果。

表7-4 　　　　　　　　　　倾向匹配平衡性检验

变　量	均值		标准偏差（%）	t 检验伴随概率
	处理组	对照组		
家庭少儿抚养比	0.09	0.07	7.0	0.04
家庭老年抚养比	0.27	0.27	2.1	0.67
户主年龄	60.27	59.66	5.8	0.20
户主年龄^2	3741.3	3662.4	6.3	0.17
户主性别	0.93	0.95	-9.2	0.02
户主婚姻状况	0.98	0.98	0.0	1.00
户主受教育年限	7.64	7.53	4.0	0.36

表7-5 　　　　　　　倾向得分匹配模型（PSM-DID）回归结果

变　量	非农务工		
农地确权 × Dt	0.0365 ***	0.0378 **	0.0394 *
	(3.95e + 13)	(102.51)	(40.59)
控制变量	控制	控制	控制
时间固定效应		控制	控制
不变特征 × Dt			控制
地区哑变量 × Dt			控制
观测值	10070	9131	9131

注：括号中为 t 统计量；* 、** 、*** 分别代表显著性为10%、5%和1%。

7.6.3　农地确权影响家庭劳动力流动的回归结果

在检验农地确权对家庭成员参与非农务工决策影响的基础上，由于农地确权政策相应与家庭劳动力迁移均属于家庭联合决策范畴，可能受到其他家庭成员、家庭禀赋等影响（黄枫和孙世龙，2015），为了进一步确保结论的稳健性、拓展相关研究，本章考察农地确权在家庭层面上对家庭劳动力配置的影响，进一步明确农地确权是否会在农户层面上显著提高外出务工家庭成员的比例，并且进行分样本检验，分别考察家庭中农业经营者比例与非农业参与者比例受农地确权影响所产生的变化。因此在进一步讨论中，将被解释变量设定为家庭层面的劳动力占比情况。其中，家庭务农比例定义为从事农业经营的成员占家庭核心劳动力的比重；外出务工比例定义为从事非农业务工的成员占家庭核心劳动力的比重；控制变量设定为家庭特征与户主相关个人特征，并额外控制了家庭社会关系及家庭月平均通信支出、本村亲戚数量和家中是否有村干部哑变量。

表 7 - 6 回归结果显示，农地确权政策能够让纯农型农户中务农家庭成员的占比增加 15.1 个百分点，促使纯非农型农户非农务工成员占家庭核心劳动力的比例增加 5.05 个百分点，说明纯农型农户的农业经营受到农地确权政策的影响更大。细分农户兼业类型，农地确权对一兼型农户家庭务农比例的促进作用并未在 5% 统计水平上显著，而对其家庭成员外出务工具有显著抑制作用。对于二兼型农户，农地确权能够在 0.1% 统计水平上分别显著抑制二型兼业户的家庭务农劳动力投入与增加外出务工家庭成员占家庭核心劳动力的比例，回归结果与预期一致。

表 7 - 6　　　　　　　**农地确权对家庭劳动力流动的影响**

	(1) 纯农型农户 务农比例	(2) 一兼型农户 务农比例	(3) 二兼型农户 务农比例	(4) 一兼型农户 外出务工比例	(5) 二兼型农户 外出务工比例	(6) 纯非农型农户 外出务工比例
Du × Dt	0.151* (23.21)	0.0246 (7.93)	− 0.0272*** (− 1061.53)	− 0.0272* (− 50.16)	0.0140*** (8.56)	0.0505** (133.81)
户主婚姻状况	0.0206* (21.34)	− 0.0176 (− 3.22)	− 0.0185 (− 9.23)	− 0.0101 (− 1.75)	− 0.0219*** (− 5.86)	− 0.0135 (− 3.46)
家庭总人口	− 0.0691** (− 175.96)	− 0.0584** (− 71.12)	− 0.0509* (− 26.75)	− 0.000529 (− 0.52)	− 0.0126*** (− 8.86)	− 0.00409 (− 2.24)
少儿抚养比	− 0.0651* (− 54.11)	− 0.193 (− 6.24)	− 0.137 (− 10.38)	− 0.156 (− 9.56)	− 0.129*** (− 8.95)	− 0.185* (− 33.22)
老年抚养比	0.291* (40.65)	0.258* (47.68)	0.194* (57.18)	− 0.173** (− 481.39)	− 0.210*** (− 64.02)	− 0.218* (− 23.74)
户主不随时间 变化特征 × Dt	控制	控制	控制	控制	控制	控制
家庭社会关系				0.0000846 (2.64)	0.0000787** (3.16)	0.000181* (44.88)
本村亲戚数				− 0.00235 (− 0.76)	− 0.00759*** (− 79.71)	− 0.00181 (− 1.26)
村干部家庭					− 0.0145* (− 2.55)	− 0.0591 (− 5.98)
_cons	0.852* (24.54)	0.944* (22.38)	0.816* (23.52)	0.122 (11.65)	0.429*** (17.35)	0.177** (228.76)
N	382	3376	8378	3485	7471	4522

注：括号中为 t 统计量；*、**、*** 分别代表显著性为 10%、5% 和 1%。

7.7 影响机制分析

本章进一步分析农地确权影响家庭劳动力流动决策的内在机制，由于家庭生产要素配置的联合决策特性，我们继续在农户层面上探讨中间环节。根据林文声和王志刚（2018）、陈飞和翟伟娟（2015）、李停（2020）等的研究，农地确权可能通过强化地权安全性、促进农地转出、推动农业技术进步和土地证券化来影响家庭务农劳动力投入与农村剩余劳动力转移。

农地确权可能促进农地转出释放出更多农村剩余劳动力，进而影响劳动力流动决策。具体地，分别在农地流转决策与流转数量方面设定家庭是否转出土地哑变量与家庭耕地出租率变量。表7-7的估计结果显示，农地确权通过土地出租决策减少了一兼型农户的务农比例，耕地流转规模提升能够显著增加一兼型农户的劳动力外出务工比例，其内在机制可能在于确权，通过降低交易成本、推动农业规模经营，为以农业生产为重的一型兼业农户挤出了大量务农劳动力，促进了劳动力流动。

表7-7   农地确权、农地流转与劳动力流动

变 量	（1）一兼型农户务农比例	（2）二兼型农户务农比例	（3）一兼型农户外出务工比例	（4）二兼型农户外出务工比例	（5）纯非农型农户外出务工比例
Du × Dt	0.0388 (12.20)	− 0.0560 * (− 34.83)	− 0.0322 * (− 54.43)	0.0137 *** (9.31)	0.0522 *** (1217.09)
Du × Dt × 租出土地	− 0.227 ** (− 165.49)	0.120 (9.54)			
Du × Dt × 耕地出租率			0.00196 ** (188.67)	0.000148 (1.90)	− 0.00143 (− 5.33)
_cons	0.931 * (28.56)	0.829 * (24.53)	0.122 (11.64)	0.429 *** (17.35)	0.177 ** (158.50)
N	3072	7864	3485	7471	4522

注：括号中为t统计量；*、**、***分别代表显著性为10%、5%和1%。模型同样控制了控制变量、时间固定效应和不同地区的时间趋势等。

农地确权可能通过增强农户的资产融资变现能力，缓解家庭在农业生产

或从事工商业经营等方面受到的融资约束，进一步影响劳动力流动决策。具体地，为了检验这一机制，本书通过农户是否获得农业与工商业贷款设置哑变量并纳入模型。回归结果（见表7-8）显示，农地确权通过减缓农户的信贷约束，增大了纯农户劳动力务农比例，增大了二型兼业户以及纯非农就业型家庭的外出务工比例。

表 7 - 8　　　　　　　　　　农地确权、信贷约束与劳动力流动

变　量	(1) 纯农型农户 务农比例	(2) 一兼型农户 务农比例	(3) 二兼型农户 务农比例	(4) 一兼型农户 外出务工比例	(5) 二兼型农户 外出务工比例	(6) 纯非农型农户 外出务工比例
Du × Dt	0.159 * (24.43)	0.0258 (7.62)	- 0.0284 * (- 38.26)	- 0.0255 ** (- 67.01)	0.0130 *** (7.60)	0.0434 ** (274.42)
Du × Dt × 获得 贷款	0.257 * (37.94)	- 0.00541 (- 0.82)	0.0833 (3.19)	- 0.0142 (- 2.43)	0.0849 *** (6.79)	0.0481 * (13.72)
_cons	0.783 * (23.62)	0.944 * (22.13)	0.812 * (25.27)	0.112 (6.94)	0.416 *** (15.45)	0.293 ** (370.55)
N	382	3376	8378	3504	7546	5629

注：括号中为 t 统计量；*、**、*** 分别代表显著性为10%、5%和1%。模型同样控制了控制变量、时间固定效应和不同地区的时间趋势等。

进一步地，农地确权可能通过影响农户的地权稳定性预期影响家庭农业投资水平，进而影响家庭在农业生产与非农务工两方面的劳动力投入。本书选取家庭农业机械总价值变量来衡量家庭农业技术资本投入。回归结果（见表7-9）显示，确权能够促进农业资本投入，提高农业生产效率，进而促进了纯农型农户和一兼型农户的农业劳动力投入，但农业资本投入对一兼型农户农业劳动力投入的促进作用在5%统计水平上并不显著。由于这种影响增加了农业劳动力向非农部门转移的机会成本，确权对一型兼业户家庭劳动力的非农务工选择在5%统计水平上具有显著抑制作用。农业资本投入减少了以二兼户为代表的以非农收入来源为主的兼业型农户的农业劳动力投入、促进了二兼型农户外出务工比例，表明在以非农收入为主的兼业化家庭生计模式中，劳动力更易被农业资本替代，对此类家庭进行确权，通过促进农业资本投入这一机制，能够为促进家庭非农劳动力参与发挥更大的作用。

表 7 − 9　　　　　　　　农地确权、家庭农业投资水平和劳动力流动

变　量	（1） 纯农型农户 务农比例	（2） 一兼型农户 务农比例	（3） 二兼型农户 务农比例	（4） 一兼型农户 外出务工比例	（5） 二兼型农户 外出务工比例	（6） 纯非农型农户 外出务工比例
Du × Dt	− 0.0498 * （− 15.36）	− 0.0748 * （− 13.64）	0.0375 * （34.34）	− 0.0652 ** （− 142.67）	0.0169 *** （5.72）	0.136 ** （69.03）
Du × Dt × 农机 总价值	0.522 ** （82.65）	0.000439 （0.27）	− 0.00558 ** （− 153.31）	− 0.0371 * （− 14.45）	0.00141 *** （14.15）	− 0.0240 （− 1.79）
_cons	0.912 * （37.63）	0.917 * （19.10）	0.869 ** （106.62）	0.123 * （47.71）	0.446 *** （7.87）	0.230 * （31.46）
N	276	2513	5667	2494	4838	2623

　　注：括号中为 t 统计量；*、**、***分别代表显著性为 10%、5% 和 1%。模型同样控制了控制变量、时间固定效应和不同地区的时间趋势等。

7.8　结　　论

　　本章利用中国家庭金融调查（CHFS）2013 年和 2015 年的微观数据，检验了农地确权对不同生计类型农户劳动力转移的效应，并且验证了其内在机制，得出以下研究结果：第一，农地确权政策的实施能够显著促进农民非农务工，相比未确权家庭，农地确权能够使受访者参与非农务工的概率提高约 2.1 个百分点。分样本检验结果表明，农地确权能够显著减少纯农户家庭成员非农务工的概率，却能够显著增加一兼型农户和纯非农户家庭成员的非农务工概率。第二，农地确权在家庭层面上对家庭劳动力配置的影响体现为，农地确权使纯农型农户中务农家庭成员的占比增加 15.1 个百分点，促使纯非农型农户非农务工成员占比增加 5.05 个百分点，显著抑制一兼型农户家庭成员外出务工比例和显著抑制二兼型农户的家庭务农劳动力投入与增加二兼型农户外出务工家庭成员占比。第三，农地确权通过促进农地转出减少了一兼型农户的务农比例、显著增加了一兼型农户劳动力外出务工比例；农地确权通过增强农户的资产融资变现能力，缓解家庭在农业生产或从事工商业经营等方面受到的融资约束，增大了纯农户劳动力务农比例，增大了二兼型农户以及纯非农就业型家庭的外出务工比例；确权通过促进农业资本投入与农业技术投入显著增加了纯农型农户和一兼型农户的农业劳动力投入，抑制一兼

型农户家庭非农务工比例，减少了二兼型农户的农业劳动力投入、挤出了二兼型农户外出务工劳动力。

综上所述，农地确权有利于优化不同生计类型农户的劳动力资源与土地资源的配置，促进农业要素优化整合。因此，应进一步完善和推进农地确权政策的实施，全面释放农地制度改革红利，实现有序的农业生产与农业剩余劳动力充分就业的双赢。

在保证农地确权工作稳定落实的同时，应加快推进各项产权制度改革，以便行为主体能够在稳定的制度环境中充分响应、发挥政策绩效导向作用。具体而言，一方面，应加快健全和完善农村土地交易市场，促进农地有序流转，充分释放农村土地与劳动力活力。另一方面，加快农村金融市场机制培育，推进农村土地承包经营权抵押融资试点。通过设立小额贷款、"双创"基金等扶持政策缓解农户面临的融资约束，鼓励农业经营者加大农业资本投入、激励优质劳动力外出务工与创业。同时，未来应继续提升农业科技创新水平、加强农业机械化等现代农业基础设施建设，鼓励发展多种形式适度规模经营，逐步推动城乡融合发展。

第8章 提升农地确权政策实施效果的路径优化研究

农地确权政策是完善我国农村土地制度的重要举措，为了能够贯彻实施这一政策，需要增强农民对农地确权政策的信心和认可度，只有将实施农地确权政策的结果和产生的利益透明化，实现农地确权政策的实施效果提高和扩大，才能有效提升农民的政策信任感，促进农民对该政策的持续实施和持续投入。通过前文构建的"农地确权—中间传导机制—农地流转/农民收入/劳动力转移"理论框架、影响机理研究以及实证分析，本书将通过顺畅农地确权对农地流转、农民收入以及劳动力转移的机理，有针对性地提出相应的优化路径，从而最大限度地提升农地确权政策的实施效果。

8.1 提高农地确权对农地流转的政策效应

自农地确权政策实施以来，农地流转的形式、规模、频率和范围逐渐扩大。农地确权政策对于农地流转产生了重大影响。要提高农地确权政策的实施效果，可以从提高农业生产激励、降低农地交易费用等途径入手。

8.1.1 提高农业生产激励

当前，工业化社会迅速发展，农村的经济发展、机遇挑战、社会保障、资源福利等与城市相形见绌，巨大的差异吸引大批农民离开土地，离开农村。土地的生产能力和土地可能产生的经济价值与城市的务工价值之间的差距成为农民选择生产生活方式的重要衡量标准。农地确权，通过确权颁证，以法律形式提高和保障了土地的产权价值和地权稳定，这有效地吸引了农民的生产积极性和农业活力，并推动了有条件的农户主动进行农业劳动时间、农业生产资金、农业技术等要素投入，通过要素投入，获得更高的农业收益，实现农业生产激励，从而促进农民进行农业生产经营。实证结果也表明，农地确权后，农业生产激励发挥中介作用，农户从政策层面和实践层面感知土地产权的稳定性，将拥有更稳定的农业生产收益预期，从而激励农户农业时间投入，扩大农业生产经营规模。

要促进农地确权政策的实施效果，推进土地流转，需要发挥农业生产激励的中介作用。

首先，要提升农户对于农业收益增收的信心。要增强农民对于农地确权政策的政策感知和政策认同，农地确权可以提高农地的土地价值和经济价值，通过提高政策认知，提高农民对于进行农业生产经营的认可和未来预期。要提高农民对于进行农业生产经营和实现农业收益增收的收入预期，提高农民的农业生产经营积极性。

其次，要促进农户进行农业生产要素的投入。通过提高农户进行农业生产经营的时间要素的投入，可以促进农户对于农业生产过程的稳定掌控，可以有效地提高农户发现农业生产问题的概率，有效地降低产生农业损失的风险，有效地提高农业生产收益。通过提高农户进行农业生产经营的技术要素的投入，可以促进农户使用更加科学有效的方法进行生产经营，科学技术是第一生产力，技术要素的投入可以给予农户事半功倍的效果，提高农业收益。通过提高农业生产资金要素的投入，可以促进农户对农业生产活动进行投资，产生规模效益，从而促进农业生产收益。

最后，要推进国家对于农业生产经营的优惠政策和补贴。通过制定国家补贴和优惠政策，为进行农业生产经营的农户提供一定的经济激励和经济补助，提高农户进行农业生产经营活动的经济性。通过实现农业生产激励的提高，可以促进农户自发自觉地进行农业生产活动，对农地转入产生积极作用，实现农地确权效应的优化。

8.1.2　降低农地交易费用

农地确权通过降低农地交易费用，对于土地流转产生影响。农地确权可以强化土地的产权价值和潜在价值，通过确认地权，确认土地权属，划清四至，农民对于土地的地权权益得到了充分的保障，并且，土地的排他性功能增强，农民对于持有土地的信心增强，对于拥有土地的安全感增强。农民通过土地确权，提高了持有土地的排他性，对于进入土地市场进行交易提供了更好的机会，也降低了土地市场交易的不确定性和风险性，为加速土地市场流通和完善提供了前提。实证结果也表明，农地确权通过降低农地交易费用这一中介作用对农地流转产生影响，农地确权通过重新界定农户的土地产权，降低了土地流转过程中产生的交易费用，从而提高了农户转出土地和转入土地的概率。

要促进农地确权政策的实施效果，推进土地流转，需要从降低农地交易费用方面积极探索。

首先，要建立健全和完善农地产权交易市场，为农民进行农地流转提供高效的平台。一方面，政府建立农地产权交易市场，可以提高农民对土地流转的认可度和信赖度，通过政府提供的官方农地产权交易市场平台，可以增强农民对土地流转行为的信心和决心；另一方面，建立完善的农地产权交易市场，可以有效快速地识别、联系和达成供需双方的需求和要求，降低信息识别费用；可以为供需双方搭建运行有序、权责规范的平台，提高信息获取的效率；可以为供需双方提供有针对性的服务，可以为农地供需双方积极创造交易机会，可以减少土地流转交易费用。

其次，要明确农地信息，降低农地交易费用。通过农地确权，对土地的四至、面积、用途等进行了明确的测量和划分，通过实现农地信息透明化，减少了信息不对称问题的风险，可以使供需双方的地位相对平等，信息透明降低了交易费用。

再次，通过明晰产权归属，降低农地交易费用。通过农地确权的法律凭证作用，对农地的归属问题进行法律限制，降低土地纠纷产生的风险，降低农民的交易顾虑，降低交易成本。

最后，通过稳定地权，降低农地交易费用。稳定地权可以促进农民对于土地的信任感，可以通过固化地权减少预料之外的土地调整带来的失地风险和土地经济价值降低风险，可以减少农地交易费用。通过降低农地交易费用，可以有效促进农民自发自觉进行农地流转，实现农地确权效应的优化。

8.2 提高农地确权对劳动力转移的政策效应

自农地确权政策实施以来，农村劳动力资源得到了优化配置，农村剩余劳动力也得到了解放,农村劳动力转移也日趋明显。农地确权政策对于劳动力转移产生了重大影响。要提高农地确权政策的实施效果,可以从缓解信贷约束、提高农业资本投入和降低转移劳动力"失地"和"失业"风险等方面进行探索。

8.2.1 缓解信贷约束

农地确权通过缓解信贷约束对农村劳动力转移产生影响。农地确权,使得农村土地成为一种新的受到农村正规金融机构认可的金融抵押物。农户一直以其生产经营规模小、收益低、固定资产价值不高等原因,使得农村金融机构对于农户的金融资质认定产生阻碍,农户可以获得农村金融信贷的条件多、限制多,且可贷金额有限。农地确权政策产生后,对于农户面临的"贷款难、抵押难、担保难"等问题,提供了良好的解决途径。通过法律认可的确权凭证,使得农村正规金融机构对于农户进行金融资质审核的条件得到放宽和认可,为农户获得金融信贷提供了可靠的途径。农户通过获得的金融信贷,一方面,可以将其作为资金投入到非农生产领域,实现劳动力从农业领域流入非农领域,促进农户进行非农生产经营活动;另一方面,也可以将其投入农业生产领域,用于购买现金农业技术和新型农业生产机械,节省了农业劳动力投入的数量和农业劳动力投入时间,释放了农村劳动力的活力。实证结果也表明,农地确权通过减缓农户的信贷约束,增大了纯农户劳动力务农比例,增大了二型兼业户以及纯非农就业型家庭的外出务工比例。

要促进农地确权政策的实施效果,推动农户劳动力转移,需要发挥缓解金融信贷的中介作用。

首先,简化规范金融信贷流程。要规范明确进行金融信贷需要的信息,要健全和完善农村正规金融机构对于农村金融信贷的资格审核、确定以及发放的整个流程,理顺并简化工作流程,为农户减少获取信息的时间成本和人工成本,为农户更快获得金融信贷提供便利。

其次,推进农村金融试点改革。加快农村金融市场机制培育,推进农村土地承包经营权抵押融资试点。通过设立小额贷款、"双创"基金等扶持政策缓解农户面临的融资约束。推进新型农村金融制度机制政策试点改革,建立完善规范的农村金融市场,为农户进行金融信贷提供平台保障和环境支持。

再次,激发农户释放金融活力。农地确权为农民进行农村金融信贷租赁提供了新的思路。农民由于家庭资产相对薄弱、资源相对匮乏，使得农村正规金融机构对于农民信贷租赁的申请多数拒之门外。而农地确权政策，以国家政策的权威性，作为新的租赁信贷凭证，给予了农村正规金融机构对农民发放信贷租赁的信心。要促进农户进行金融信贷、发挥金融活力的信心，促进农户进行资金流动使用。

最后，促进农户劳动力转移。健全和完善农地信贷租赁机制，对农民通过使用确权农地进行信贷租赁给予便捷支持和服务，一方面减轻了农民的资金流转压力；另一方面也降低了农村正规金融机构发放信贷租赁的后续风险，可以有效地释放农村经济活力。引导农户将金融信贷资金投入非农生产领域，促进农村劳动力的非农转移，或者加强农户将金融信贷资金投入农业生产领域，降低农户劳动力投入时间成本和人工成本，释放农村劳动力，促进农村劳动力转移。通过缓解信贷约束，加强农村金融资产融资变现能力，可以对农村劳动力转移产生积极影响，实现农地确权政策效应的扩大。

8.2.2　提高农业资本投入

农地确权通过提高农户的农业资本投入，对农村劳动力转移产生影响。农地确权政策可以提高农地的产权价值和经济价值，农户对于农业生产收益预期增强，会促进部分农户进行农地流入，扩大承包经营的农地规模和范围。为了实现规模经济，获得更多农业收益，需要进行农业资本的追加投入。通过增加农业资本投入，如投入先进农业生产技术、农业生产器械等，部分农户为实现规模经济，获得更高的农业收入预期，增加了农业劳动力投入。本书的实证结果也证明，农地确权促进了农业资本投入，进而促进了纯农型农户和一兼型农户的农业劳动力投入，促进了劳动力流动；也有部分农户通过进行资本要素投入，提高了农业生产效率，可以代替部分劳动力投入，节省劳动力时间成本和人工成本，释放部分农村劳动力，实现农村劳动力转移。

要促进农地确权政策的实施效果，推动农村劳动力转移，需要发挥提高农业资本投入的中介作用。对于纯农型农户和一兼型农户，要提高农业资本投入，可以促进农地流入，扩大其农业生产经营的规模，实现规模经济，获得更高的农业生产收益和农业收入预期，可以吸引其进行农业劳动力投入，实现劳动力流动。对于以二兼型农户为代表的以非农收入来源为主的兼业型农户，要促进其提高农业资本投入，通过发挥农业资本活力，提高农业生产效率，解放剩余劳动力，促进农业劳动力转移。

8.2.3 降低转移劳动力"失地"和"失业"风险

农地确权可以通过缓解信贷约束、提高农业资本投入、促进农地流转等中介作用，解放农村剩余劳动力，促进农村劳动力转移。与此同时，农村劳动力转移也面临种种风险和挑战。首先，以农为本、安土重迁等的传统思想却束缚了劳动力转移的积极性。从古至今，土地是我们中国人赖以生存和发展的宝贵资源，靠土吃饭，以土养人是农业社会传承至今的理念，农村劳动力转移，意味着农户将承担一定的"失地"风险。其次，我们当前所处的时代，经济、科技飞速发展，社会发展日新月异，对于人才的需求日益多样化和全面化。而转移的农村劳动力一般文化程度不高，专业技能不强，就业限制较大，面临就业困境和"失业"风险。这会增加转移劳动力的经济压力，降低劳动力转移预期，打击农村劳动力进行劳动力转移的信心。面对农村劳动力转移可能面临的"失地"风险和"失业"风险，会极大地抑制劳动力转移的积极性，不利于非农就业。

推动农村劳动力转移，是促进农地确权政策效应扩大化的重要途径。要推进农村劳动力转移，就要加强农村劳动力转移的信心，降低转移劳动力"失地"和"失业"风险，做好农村劳动力转移之后的后续保障工作。

首先，健全和完善农地确权政策措施。农地确权政策是我国新型土地制度的伟大创造。要进一步宣传和推广土地确权政策，提高农民对土地确权政策的了解和认知；要进一步坚持和完善农地确权政策，提高土地产权的明确性和稳定性，提高土地市场信息的透明性，提高农民对土地确权政策的接受度和认同感，减少农民的"失地"顾虑；要进一步提高土地确权工作的推进和效率，为农民进行土地确权提供高效化、便捷化服务。

其次，健全和完善城乡社会保障体系。农地确权政策的有效实施和农地流转交易市场的积极运转，会使得农村家庭结构、劳动力结构发生深刻变化。健全和完善城乡社会保障体系，对于农村劳动力迁移具有重要积极作用，一方面，对于土地依赖程度低、积极进行农地转出的部分非农户和兼业型农户，可以产生大量剩余农村劳动力，可以增强其进行非农就业和进城务工的信心；另一方面，对于重视土地的养老保障和就业保障功能的部分非农户和兼业型农户，通过提高农户的非农就业保障和城市养老保障水平，可以积极引导非农户和兼业型农户进行农地转出。健全和完善城乡社会保障体系，可以有效减少农民农地流转的失地顾虑，加强农民非农就业和劳动力转移流动的信心。

最后，加强非农就业引导培训。一方面，农地确权和农地流转会释放部分农村剩余劳动力，增强一兼型农户和纯非农户家庭成员的非农务工概率。为了更好地释放农村剩余劳动力，促进农村剩余劳动力向非农就业和城市务工的积极转移，需要加强对农户非农就业进行积极引导和职业培训，通过有效引导和正规专业技能培训，可以促进农村劳动力顺利进入新的市场和社会环境，可以降低农户进行土地流转和非农就业的心理压力和失业风险，可以保障社会稳定。另一方面，农地确权后，纯农户也可能因为农地产权的稳定性尝试外出就业，只有提高外出就业农户的就业水平和市场竞争力，才能保障就业的稳定性，从而促进土地流转。通过降低转移劳动力"失地"和"失业"风险，保障农村劳动力转移的后续发展，提升农村劳动力转移的未来预期和信心，推进劳动力转移，实现农地确权政策效应的扩大。

8.3　促进农地确权对农民收入的影响

农地确权政策对于农民收入增长产生了重大影响。要提高农地确权政策的实施效果，可以从提高产权激励、促进农地流转和探索农民增收新途径等方面入手。

8.3.1　提高产权激励

农地确权通过提高产权激励，对农业收入产生积极影响。一方面，农地确权政策通过法律强制力的作用规定了土地的权属、保障了土地的价值；另一方面，农地确权政策使得土地成为一种新的合适的抵押物，作为农民进行金融信贷的重要凭证，金融信贷对农地确权凭证的认可使得土地的价值得到了提升。通过进行农地确权，农民将土地流转或抵押，使得土地功能从单一的生产价值增加为同时具备生产价值和资本价值。土地资本价值的实现，可以拓宽土地的使用范围和途径，有效实现农地产权激励。

要提高农地确权政策的实施效果，促进农民收入提高，需要发挥增强农地产权激励的中介作用。

对于农地依赖程度较低的农户家庭，土地的产权激励对于该家庭的增收效应较弱。在建立明晰的农地权属关系的基础上，应不断完善土地流转市场契约签订机制，严格管制农地粗放利用情况，降低农地产权的政策性风险和经济性风险，从而促进农地依赖程度较弱的农户家庭积极参与土地流转，将土地转给农业生产大户或合作社以取得较高的土地租金，进而显著增加农户家庭人均收入。

对于农地依赖程度较高的农户家庭，土地产权的激励效应会发挥显著积极作用。对于这部分农户家庭，要确保土地确权和流转的政策和制度保障，发挥土地产权激励作用，促进农户积极转入土地，促进农户实现扩大农地的承包经营范围和规模，促进农户实现规模经营，减少农业生产成本，促进农户获得规模效益，提高农户家庭收入。

8.3.2　促进农地流转

要提高农地确权政策的实施效果，促进农民收入提高，需要发挥农地流转的中介作用。对于农地依赖程度较低的农户家庭，应推动其转出土地，通过规范的土地交易程序，获得较高的土地租金，增加农户农业经营收入。同时，土地转出后，释放的农村劳动力通过劳动力转移，可以进行非农务工，从而提高农户的非农务工收入。而对于农地依赖程度较高的农户家庭，农地确权政策可以明晰土地权属，加强土地信息透明化，减少农地交易信息成本。这部分农户家庭对于农业生产的预期高，应推动其转入土地，通过扩大土地的经营规模，实现农业生产经营收入提高。

8.3.3　探索农民增收新途径

农地确权通过发挥产权激励、促进土地流转和促进劳动力转移的中介作用，对农民收入增长产生积极影响。一方面，农地确权可以显著增加一兼型农户和纯非农户家庭成员的非农务工概率。通过促进一兼型农户和纯非农户家庭成员非农务工和非农就业，可以提高农户家庭的工资性收入。另一方面，农地确权增加了纯农户务农概率，纯农户通过扩大土地转入，实现土地规模经营，可以提高农户家庭的经营性收入。农地确权通过释放农村土地活力，解放农村劳动力，使得农户家庭劳动力可以实现多途径就业或实现土地规模经营，通过合理分配家庭劳动力和土地，提高劳动效率，促进家庭经济，从而实现农户家庭收入提高。

要促进农民增收，可以从收入结构的视角进行分析。

首先，加快培育新型职业农民。农地确权促进了纯农户进行土地转入，纯农户会增加农地转入、扩大农地面积、增加农业务工时间、提升农业务工概率。但普通农户的经济实力和管理能力等都无法承担大规模、长时间的土地经营，无法确保土地生产的效率和规模经济。因此，需要加快培育职业农民，吸引优秀的农民通过流转农地扩大土地经营规模，通过专业和技术培训，提高农民的专业性和技术性，通过新型农业技术的推广和使用，提高农业生产效率。

其次，探索新型农村产业模式。农地确权可以释放农村剩余劳动力、增强农地活力。通过探索建立新型农村产业模式，可以促进农地开放、提高农地使用效率。比如通过实现农庄经营，有利于实现规模投资，促进新型农业技术的使用和推广，实行规模经营和大作坊式经营，便于规模管理，有利于打造特色产业，提高资源利用效率，便于实现农业机械化，提高农业生产效率，提高经济效益。通过探索因地制宜的新型农村产业模式，创造性改善农地压力，解放农地活力，提高农民生产积极性，促进农业经济发展。

最后，提高农民非农收入。通过农村劳动力转移，可以实现农村劳动力的非农转移。农户家庭除了依赖农业生产经营收入，也可以通过实现农民身份的转换，通过非农务工，获得工资性收入和生产经营收入。劳动力转移促进了农户家庭的家庭成员构成由单一变得多样化，从而使农户家庭的收入来源变得多样化。

第9章 结论与展望

9.1 主 要 结 论

（1）基于对已有研究的分析，通过构建农地确权对农地流转、农民收入和劳动力转移影响的理论分析框架，并识别其中的中间传导机制，形成"农地确权—中间传导机制—农地流转/农民收入/劳动力转移"的理论框架。

（2）从整体情况看，农户对农地确权政策实施效果的总体评价并不理想，农户评价农地确权政策实施效果的影响主要来自年龄、文化程度、外出务工经历、农业收入所占比重、土地经营规模、村庄类型、对农地确权政策了解程度、土地产权处置能力认知、土地产权交易能力认知及解决实际困难的作用。但不同生计类型农户对农地确权政策实施效果评价的影响因素存在差异。总体来看，影响纯农户与一兼型农户的因素具有较大相似性，而影响二兼型农户与非农型农户的因素也具有较大相似性，这可能与农户的生计类型有关。

（3）农地确权，首先，积极促进了农户参与农地流转，提高了农户参与农地转出的概率和农地转入的概率，这一结果与李江一同样使用两年 CHFS 数据得到的结论存在差异，原因可能是本书研究的是耕地确权和流转问题，并且在变量选择等方面也存在不同。其次，农地确权通过释放农村剩余劳动力到非农产业，提高了农户参与农地转出的概率；农地确权通过激励农户农业生产投入，提高了农户转入农地的概率；农地确权通过降低交易费用，分别提高了农户农地转出和农地转入的概率。最后，在农户生计的调节作用下，农地确权对农地转入的正向影响加强。另外，农地确权对不同生计类型的农户农地流转行为的影响具有明显差异，农地确权后，非农兼业户和纯农户都有可能成为土地供给方，纯农户同时也是土地需求方。

（4）农地确权通过提高实际产权安全和感知产权安全，正向促进农户家庭人均收入；农地确权不仅自身对农户收入的正向作用显著，还通过促进农户家庭参与土地流转进而提高家庭人均收入，即土地流转在农地确权与农户收入间起到部分中介作用，且稳健性检验结果显示，农地转入和农地转出均在农地确权与农户收入之间起到中介作用；农户异质性在农地确权对农户收入以及土地流转对农户收入的影响中分别起到显著的正向调节作用，在较高农地依赖程度下，农地确权对农户家庭收入的正向影响将得到增强，土地流转在农地确权与农户家庭收入的中介效应也将得到增强。

（5）农地确权政策的实施能够显著促进农民非农务工，相比未确权家庭，农地确权能够使受访者参与非农务工的概率提高约2.1个百分点。分样本检验结果表明，首先，农地确权能够显著减少纯农户家庭成员非农务工的概率，却能够显著增加一兼型农户和纯非农户家庭成员的非农务工概率。其次，农地确权在家庭层面上对家庭劳动力配置的影响体现为，农地确权使纯农型农户中务农家庭成员的占比增加15.1个百分点，促使纯非农型农户非农务工成员占比增加5.05个百分点，显著抑制一兼型农户家庭成员外出务工比例和显著抑制二兼型农户的家庭务农劳动力投入与增加二兼型农户外出务工家庭成员占比。最后，农地确权通过促进农地转出减少了一兼型农户的务农比例、显著增加了一兼型农户劳动力外出务工比例；农地确权通过增强农户的资产融资变现能力，缓解家庭在农业生产或从事工商业经营等方面受到的融资约束，增大了纯农户劳动力务农比例，增大了二型兼农户以及纯非农就业型家庭的外出务工比例；确权通过促进农业资本投入与农业技术投入显著增加了纯农型农户和一兼型农户的农业劳动力投入，抑制一兼型农户家庭非农务工比例，减少了二兼型农户的农业劳动力投入，挤出了二兼型农户外出务工劳动力。

9.2　展　　望

（1）本书主要考察了农地确权政策对于农地流转、农民收入及农村劳动力转移的具体影响效应，并通过实地农户调查，分析了农户对于农地确权政策的认知。但从农地确权本身来讲，其主要目的是增强土地产权安全预期，进而优化资源配置效应。从农地产权的具体实施来看，农地确权相对于农户来讲，又有三个层面的认识，分别为法律层面、感知层面和实践层面。本书主要研究了法律层面的效果，对于实践和感知层面的土地产权安全性的政策效果还没有涉及，这也是今后研究的方向。

（2）通过农地确权，该政策不仅对于农地、农民收入、劳动力等要素具有资源配置效应，同时，还可以通过农地确权、三权分置等政策进而增强农民的土地财产和资产功能，尤其是经营权进行抵押，使其具有了金融融资功能，对于农村劳动力就业创业等都具有重要影响。故未来可以通过农地确权、金融可得性等深入分析该政策对于农民收入、农村经济持续发展的影响。

参 考 文 献

[1] 白玉，王文玉，丁文博．农村集体土地确权登记发证现状与问题分析——以辽宁省锦州市太区为例 [J]．国土资源，2012（12）：52－54．

[2] 曹瓅，陈璇，罗剑朝．农地经营权抵押贷款对农户收入影响的实证检验 [J]．农林经济管理学报，2019，18（6）：785－794．

[3] 陈飞，翟伟娟．农户行为视角下农地流转诱因及其福利效应研究 [J]．经济研究，2015，50（10）：163－177．

[4] 陈飞，翟伟娟．农户行为视角下土地流转诱因及其福利效应研究 [J]．经济研究，2015，50（10）：163－177．

[5] 陈刚．产权保护与财产性收入——来自微观家庭的证据 [J]．当代经济科学，2015，37（4）：29－38，125．

[6] 陈江华，罗明忠，洪炜杰．农地确权、细碎化与农村劳动力非农转移 [J]．西北农林科技大学学报（社会科学版），2020，20（2）：88－96．

[7] 陈美球，廖彩荣，刘桃菊．乡村振兴、集体经济组织与土地使用制度创新——基于江西黄溪村的实践分析 [J]．南京农业大学学报（社会科学版），2018，18（2）：27－34，158．

[8] 陈美球，钟太洋，吴月红．农业补贴政策对农户耕地保护行为的影响研究 [J]．农林经济管理学报，2014，13（1）：14－23．

[9] 陈胜祥．农民土地所有权认知与农地制度创新：基于1995～2008年实证研究文献的统计分析 [J]．中国土地科学，2009（11）：21－26．

[10] 陈铁，孟令杰．土地调整、地权稳定性与农户长期投资——基于江苏省调查数据的实证分析 [J]．农业经济问题，2007（10）：4－12．

[11] 陈晓枫．马克思土地产权理论探析 [J]．思想理论教育导刊，2018（2）：41－44．

[12] 陈越，陈超美等．引文空间分析原理与应用 [M]．北京：科学出版社，2014：11．

[13] 程令国，张晔，刘志彪．农地确权促进了中国农村土地的流转吗？[J]．管理世界，2016（1）：88 – 98.

[14] 程名望，贾晓佳，俞宁．农村劳动力转移对中国经济增长的贡献（1978 ~ 2015 年）：模型与实证 [J]．管理世界，2018，34（10）：161 – 172.

[15] 仇童伟，李宁．国家赋权、村庄民主与土地产权的社会认同——基于农户的土地产权合法性、合理性和合意性认同 [J]．公共管理学报，2016，13（3）：71 – 88，156 – 157.

[16] 仇童伟，罗必良，何勤英．农地产权稳定与农地流转市场转型——基于中国家庭金融调查数据的证据 [J]．中南财经大学学报，2020（2）：133 – 145.

[17] 仇童伟，罗必良．农地调整会抑制农村劳动力非农转移吗？[J]．中国农村观察，2017（4）：57 – 71.

[18] 仇童伟．土地确权如何影响农民的产权安全感知？——基于土地产权历史情景的分析 [J]．南京农业大学学报（社会科学版），2017，17（4）：95 – 109，158 – 159.

[19] 邓爱民，张馨方．西方旅游本真性研究的知识图谱——基于CiteSpace Ⅲ的计量分析 [J]．旅游学刊，2018，33（1）：95 – 104.

[20] 邓汉慧，张子刚．西蒙的有限理性研究综述 [J]．中国地质大学学报，2004（6）.

[21] 董伟康．论经济行为的伦理学研究 [J]．南京医科大学学报（社会科学版），2003（4）：376 – 379.

[22] 杜会石，孙艳楠，陈智文，于国强．"3S" 技术在农村土地确权登记发证中的应用 [J]．江苏农业科学，2014，42（12）：350 – 352.

[23] 杜巍，牛静坤，车蕾．农业转移人口市民化意愿：生计恢复力与土地政策的双重影响 [J]．公共管理学报，2018，15（3）：66 – 77，157.

[24] 方师乐．城镇化背景下的中国农业机械化：跨区服务的视角 [D]．浙江大学，2017.

[25] 方松海．劳动负效用与农户生产决策模型的重构：理论框架 [J]．经济科学，2008（4）：72 – 86.

[26] 丰雷，蒋妍，叶剑平．诱致性制度变迁还是强制性制度变迁？——中国农村土地调整的制度演进及地区差异研究 [J]．经济研究，2013，48（6）：4 – 18，57.

[27] 冯广京，林坚，胡振琪等.2014 年土地科学研究重点进展评述及 2015 年展望 [J]. 中国土地科学，2015, 29 (1): 4-19, 70.

[28] 冯广京，朱道林，林坚等.2015 年土地科学研究重点进展评述及 2016 年展望 [J]. 中国土地科学，2016, 30 (1): 4-22.

[29] 冯华超，钟涨宝. 农地确权促进了农地转入吗？——基于三省五县数据的实证分析 [J]. 学习与实践，2018 (12): 26-37.

[30] 冯华超，钟涨宝. 土地调整的合理性与必要性：一个研究述评 [J]. 中国土地科学，2017, 31 (7): 83-90.

[31] 付江涛，纪月清，胡浩. 新一轮承包地确权登记颁证是否促进了农户的土地流转——来自江苏省 3 县 (市、区) 的经验证据 [J]. 南京农业大学学报 (社会科学版)，2016, 16 (1).

[32] 盖庆恩，朱喜，程名望，史清华. 土地资源配置不当与劳动生产率 [J]. 经济研究，2017, 52 (5): 117-130.

[33] 高欣，张安录. 土地流转、农户兼业程度与生产效率的关系 [J]. 中国人口·资源与环境，2017, 27 (5): 121-128.

[34] 郜亮亮，冀县卿，黄季焜. 中国农户农地使用权预期对农地长期投资的影响分析 [J]. 中国农村经济，2013 (11): 24-33.

[35] 郭忠兴，罗志文. 农地产权演进：完整化、完全化与个人化 [J]. 中国人口资源与环境，2012, 22 (10): 123-130.

[36] 韩春虹，张德元. 农地产权强度的收入效应——基于流转农户的实证分析 [J]. 统计与信息论坛，2018, 33 (12): 92-98.

[37] 韩家彬，刘淑云，张书凤. 农地确权、土地流转与农村劳动力非农就业——基于不完全契约理论的视角 [J]. 西北人口，2019, 40 (3): 11-22.

[38] 韩俊，张云华. 破解 "三农" 难题：30 年农村改革与发展 [M]. 北京：中国发展出版社，2008.

[39] 何微微，胡小平. 非经济预期因素对农村劳动力转移的影响——托达罗模型的修正与实证检验 [J]. 农业技术经济，2017 (4): 4-15.

[40] 何欣，蒋涛，郭良燕，甘犁. 中国土地流转市场的发展与农户流转农地行为研究——基于 2013~2015 年 29 省的农户调查数据 [J]. 管理世界，2016 (6): 79-89.

[41] 何一鸣，罗必良. 赋权清晰、执法博弈与农地流转——基于法律

经济学的分析范式 [J]. 贵州社会科学, 2013 (1): 90 – 94.

[42] 贺小丹. 乡村振兴背景下农民工回流与农村资源配置——基于农民工返乡后行为的微观分析 [J/OL]. 财经研究: 1 – 19 [2020 – 09 – 02]. https: //doi. org/10. 16538/j. cnki.

[43] 贺雪峰. 破除"还权赋能"的迷信——以《还权赋能——成都土地制度改革探索的调查研究》的主要观点与周其仁教授商榷 [J]. 南京师范大学学报 (社会科学版), 2013 (4).

[44] 赫伯特·西蒙. 现代决策理论的基石: 有限理性说 [M]. 杨砾, 徐立译. 北京: 北京经济学院出版社, 1989.

[45] 洪名勇. 论马克思的土地产权理论 [J]. 经济学家, 1998 (1): 3 – 5.

[46] 洪炜杰, 胡新艳. 地权稳定性与劳动力非农转移 [J]. 经济评论, 2019 (2): 34 – 47.

[47] 胡雯, 张锦华, 陈昭玖. 农地产权、要素配置与农户投资激励: "短期化"抑或"长期化"? [J]. 财经研究, 2020, 46 (2): 111 – 128.

[48] 胡霞, 丁冠淇. 为什么土地流转中会出现无偿转包——基于产权风险视角的分析 [J]. 经济理论与经济管理, 2019 (2): 89 – 100.

[49] 胡晓涛. 农村土地承包经营权确权登记面临的困境与对策 [J]. 南都学坛, 2014, 34 (6): 86 – 88.

[50] 胡新艳, 陈小知, 米运生. 农地整合确权政策对农业规模经营发展的影响评估——来自准自然实验的证据 [J]. 中国农村经济, 2018 (12): 83 – 102.

[51] 胡新艳, 陈小知, 王梦婷. 农地确权如何影响投资激励 [J]. 财贸研究, 2017, 28 (12): 72 – 81.

[52] 胡新艳, 罗必良, 王晓海, 吕佳. 农户土地产权行为能力对农地流转的影响——基于中国26个省份农户调查分析 [J]. 财贸研究, 2013, 24 (5): 25 – 31.

[53] 胡新艳, 罗必良. 新一轮农地确权与促进流转: 粤赣证据 [J]. 改革, 2016 (4): 85 – 94.

[54] 胡新艳, 王梦婷, 洪炜杰. 地权安全性的三个维度及其对农地流转的影响 [J]. 农业技术经济, 2019 (11): 4 – 17.

[55] 黄枫, 孙世龙. 让市场配置农地资源: 劳动力转移与农地使用权

市场发育 [J]. 管理世界，2015（7）：71－81.

[56] 黄季焜，冀县卿. 农地使用权确权与农户对农地的长期投资 [J].
管理世界，2012（9）：76－81，99，187－188.

[57] 黄佩红，李琴，李大胜. 新一轮确权对农户农地转出的影响机理
[J]. 农村经济，2019（5）：17－28.

[58] 黄佩红，李琴，李大胜. 新一轮确权能促进农地流转吗？[J]. 经
济经纬，2018（4）：44－49.

[59] 黄振华，杨明. 农村土地确权政策的执行进展与绩效评估——基
于全国303个村庄7476份问卷的分析 [J]. 河南师范大学学报（哲学社会科
学版），2017，44（1）：141－146.

[60] 冀县卿，黄季焜，郜亮亮. 中国现行的农地政策能有效抑制农地
调整吗——基于全国村级数据的实证分析 [J]. 农业技术经济，2014（10）：
4－11.

[61] 冀县卿，钱忠好. 中国农地产权制度改革40年——变迁分析及其
启示 [J]. 农业技术经济，2019（1）：17－24.

[62] 金松青，Klaus Deininger. 中国农村土地租赁市场的发展及其在土
地使用公平性和效率性上的含义 [J]. 经济学（季刊），2004（3）：1003－
1028.

[63] 阚韬，颉文怡，辜彬. 基于ArcGIS的农村土地承包经营权确权工
作自动化模型研究 [J/OL]. 安徽农业大学学报：1－7 [2019－01－25]. ht-
tps：//doi. org/10. 13610/j. cnki. 167.

[64] 康芳. 农村土地确权对农业适度规模经营的影响 [J]. 改革与战
略，2015，31（11）：96－99.

[65] 柯炼，黎翠梅，汪小勤，李英，陈地强. 土地流转政策对地区农
民收入的影响研究——来自湖南省的经验证据 [J]. 中国土地科学，2019，
33（8）：53－62.

[66] 郎秀云. 确权确地之下的新人地矛盾——兼与于建嵘、贺雪峰教
授商榷 [J]. 探索与争鸣，2015（9）：44－48.

[67] 李成明，孙博文，董志勇. 农户异质性、农地经营权流转与农村
收入分配——基于中国家庭追踪调查数据（CFPS）的实证研究 [J]. 农村经
济，2019（8）：26－33.

[68] 李嘉图. 政治经济学及赋税原理 [M]. 北京：北京联合出版公

司，2013.

[69] 李江一. 农地确权对农民非农业劳动参与的影响 [J]. 经济科学，2020 (1)：113 – 126.

[70] 李江一. 农地确权如何影响农地流转？——来自中国家庭金融调查的新证据 [J]. 中南财经大学学报，2020 (2)：146 – 156.

[71] 李金宁，刘凤芹，杨婵. 确权、确权方式和农地流转——基于浙江省 522 户农户调查数据的实证检验 [J]. 农业技术经济，2017 (12)：14 – 22.

[72] 李静. 农地确权、资源禀赋约束与农地流转 [J]. 中国地质大学学报（社会科学版），2018，18 (3)：158 – 167.

[73] 李力东. 调整或确权：农村土地制度的公平与效率如何实现？——基于山东省 L 村的调查研究 [J]. 公共管理学报，2017，14 (1)：117 – 127，159.

[74] 李宁，何文剑，仇童伟，陈利根. 农地产权结构、生产要素效率与农业绩效 [J]. 管理世界，2017 (3)：44 – 62.

[75] 李宁，周琦宇，汪险生. 农地产权界定、农地要素流动与农业劳动力配置 [J]. 农村经济，2020 (6)：24 – 32.

[76] 李荣耀，叶兴庆. 农户分化、土地流转与承包权退出 [J]. 改革，2019 (2)：17 – 26.

[77] 李瑞雅. 浅谈农村土地所有权确权登记发证宗地图制作方法 [J]. 测绘通报，2013 (S2)：144 – 147.

[78] 李诗瑶，蔡银莺. 农户家庭农地依赖度测算及多维生存状态评价——以湖北省武汉市和孝感市为例 [J]. 中国土地科学，2018，32 (11)：37 – 43.

[79] 李树苗，梁义成，Marcus W. Feldman，Gretchen C. Daily. 退耕还林政策对农户生计的影响研究——基于家庭结构视角的可持续生计分析 [J]. 公共管理学报，2010，7 (2)：1 – 10，122.

[80] 李停. 农地产权对劳动力迁移模式的影响机理及实证检验 [J]. 中国土地科学，2016，30 (11)：13 – 21.

[81] 李一苇，丁春燕. 土地产权的传统形态及理论启示——清华北大南开社科院经济史沙龙综述 [J]. 中国经济史研究，2019 (4)：91.

[82] 李哲，李梦娜. 新一轮农地确权影响农户收入吗？——基于

CHARLS 的实证分析 [J]. 经济问题探索, 2018 (8): 182 - 190.

[83] 李祖佩, 管珊. "被产权": 农地确权的实践逻辑及启示——基于某土地产权改革试点村的实证考察 [J]. 南京农业大学学报 (社会科学版), 2013, 13 (1): 80 - 87, 102.

[84] 梁虎, 罗剑朝. 农地抵押贷款参与、农户增收与家庭劳动力转移 [J]. 改革, 2019 (3): 106 - 117.

[85] 廖洪乐. 农户兼业及其对农地承包经营权流转的影响 [J]. 管理世界, 2012 (5): 62 - 70, 87, 187 - 188.

[86] 林龙飞, 侯亚景. 农户土地确权意愿影响因素及其层次结构研究——基于鲁、豫、鄂、湘四省 3064 位农户的实地调查 [J]. 经济体制改革, 2017 (3): 101 - 107.

[87] 林文声, 秦明, 苏毅清, 王志刚. 新一轮农地确权何以影响农地流转?——来自中国健康与养老追踪调查的证据 [J]. 中国农村经济, 2017 (7): 29 - 43.

[88] 林文声, 秦明, 王志刚. 农地确权颁证与农户农业投资行为 [J]. 农业技术经济, 2017 (12): 4 - 14.

[89] 林文声, 王志刚, 王美阳. 农地确权、要素配置与农业生产效率——基于中国劳动力动态调查的实证分析 [J]. 中国农村经济, 2018 (8): 64 - 82.

[90] 林文声, 王志刚. 中国农地确权何以提高农户生产投资? [J]. 中国软科学, 2018 (5): 91 - 100.

[91] 刘长全, 杜旻. 土地承包经营权流转制度创新与改进方向——基于温州农村改革试验区的考察 [J]. 湖南农业大学学报 (社会科学版), 2015, 16 (1): 72 - 78.

[92] 刘承韪. 产权与政治: 中国农村土地制度变迁研究 [M]. 北京: 法律出版社, 2012.

[93] 刘俊杰, 张龙耀, 王梦珺, 许玉韫. 农村土地产权制度改革对农民收入的影响——来自山东枣庄的初步证据 [J]. 农业经济问题, 2015, 36 (6): 51 - 58, 111.

[94] 刘少杰. 社会学理性选择理论研究 [M]. 北京: 中国人民大学出版社, 2012: 24 - 25.

[95] 刘同山, 孔祥智. 家庭资源、个人禀赋与农民的城镇迁移偏好

[J]. 中国人口·资源与环境, 2014, 24 (8): 73 - 80.

[96] 刘同山, 牛立腾. 农户分化、土地退出意愿与农民的选择偏好 [J]. 中国人口·资源与环境, 2014, 24 (6): 114 - 120.

[97] 刘晓宇, 张林秀. 农村土地产权稳定性与劳动力转移关系分析 [J]. 中国农村经济, 2008 (2): 29 - 39.

[98] 卢学晖. 理性选择理论的理论困境与现实出路 [J]. 天津行政学院学报, 2015, 17 (3): 53 - 59.

[99] 陆剑, 陈振涛. 我国农村土地承包经营权确权: 规则模糊及其厘清 [J]. 南京农业大学学报 (社会科学版), 2017, 17 (3): 95 - 102, 158.

[100] 吕军书, 穆丽. 我国农地的保障功能与农地规模化制度安排 [J]. 湖北社会科学, 2011 (12): 53 - 55.

[101] 吕守军, 代政, 孙健. 社会养老、代际支持与土地流转——基于 CHARLS 数据的实证分析 [J]. 经济经纬, 2019, 36 (6): 25 - 31.

[102] 罗必良. 科斯定理: 反思与拓展——兼论中国农地流转制度改革与选择 [J]. 经济研究, 2017, 52 (11): 178 - 193.

[103] 罗必良. 农地流转的市场逻辑——"产权强度—禀赋效应—交易装置"的分析线索及案例研究 [J]. 南方经济, 2014 (5): 1 - 24.

[104] 罗必良. 农地确权、交易含义与农业经营方式转型——科斯定理拓展与案例研究 [J]. 中国农村经济, 2016 (11): 2 - 16.

[105] 罗明忠, 刘恺, 朱文珏. 确权减少了农地抛荒吗——源自川、豫、晋三省农户问卷调查的 PSM 实证分析 [J]. 农业技术经济, 2017 (2): 15 - 27.

[106] 马蕾. 我国农村土地承包经营权确权登记若干问题分析 [J]. 东岳论丛, 2018, 39 (8): 109 - 117.

[107] 马贤磊, 仇童伟, 钱忠好. 农地产权安全性与农地流转市场的农户参与——基于江苏、湖北、广西、黑龙江四省 (区) 调查数据的实证分析 [J]. 中国农村经济, 2015 (2): 2.

[108] 马贤磊, 曲福田. 新农地制度下的土地产权安全性对土地租赁市场发育的影响 [J]. 中国土地科学, 2010, 24 (9): 4 - 10.

[109] 马志雄, 丁士军. 基于农户理论的农户类型划分方法及其应用 [J]. 中国农村经济, 2013 (4): 28 - 38.

[110] 冒佩华, 徐骥. 农地制度、土地经营权流转与农民收入增长

[J]. 管理世界, 2015 (5): 63 - 74, 88.

[111] 聂建亮, 钟涨宝. 农户分化程度对农地流转行为及规模的影响 [J]. 资源科学, 2014, 36 (4): 749 - 757.

[112] 宁静, 殷浩栋, 汪三贵. 土地确权是否具有益贫性？——基于贫困地区调查数据的实证分析 [J]. 农业经济问题, 2018 (9): 118 - 127.

[113] 农业部关于进一步做好农村土地承包经营权确权登记颁证有关工作的通知 [J]. 中华人民共和国农业部公报, 2016 (5): 15 - 17.

[114] 潘倩, 钟太洋, 周寅康. 土地产权稳定性对农户土地利用变化的影响——以常熟市、奉贤区、江都市和阜南县为例 [J]. 中国农业大学学报, 2013, 18 (5): 173 - 180.

[115] 彭魏倬加, 李中. 农村土地确权与农村金融发展关系——基于湖南县域的实证研究 [J]. 经济地理, 2016, 36 (7): 160 - 166.

[116] 平新乔, 张海洋, 郝朝艳, 梁爽. 农民金融约束的形成原因探究 [J]. 经济学动态, 2012 (4): 10 - 14.

[117] 钱龙, 洪名勇. 农地产权是"有意的制度模糊"吗——兼论土地确权的路径选择 [J]. 经济学家, 2015 (8): 24 - 29.

[118] 钱忠好. 非农就业是否必然导致农地流转——基于家庭内部分工的理论分析及其对中国农户兼业化的解释 [J]. 中国农村经济, 2008 (10): 13 - 21.

[119] 钱忠好. 农村土地承包经营权产权残缺与市场流转困境: 理论与政策分析 [J]. 管理世界, 2002 (6): 35 - 45, 154 - 155.

[120] 饶旭鹏. 国外农户经济理论研究述评 [J]. 江汉论坛, 2011 (4): 43 - 48.

[121] 阮荣平, 郑风田, 刘力. "新农保"提高参保农民对地方政府的满意度了吗？[J]. 公共管理学报, 2020, 17 (3): 100 - 112, 172.

[122] 盛来运. 国外劳动力迁移理论的发展 [J]. 统计研究, 2005 (8): 72 - 73.

[123] 石敏, 李琴. 我国农地流转的动因分析——基于广东省的实证研究 [J]. 农业技术经济, 2014 (1): 49 - 55.

[124] 史新杰, 高叙文, 方师乐. 劳动力转移、模式分异与农户务农收入——基于全国"十县百村"的实证分析 [J]. 经济学家, 2019 (4): 103 - 112.

［125］苏岚岚，孔荣．农地流转促进农民创业决策了吗？——基于三省1947 户农户调查数据的实证［J］．经济评论，2020（3）：69 – 86.

［126］苏群，汪霏菲，陈杰．农户分化与土地流转行为［J］．资源科学，2016，38（3）：377 – 386.

［127］孙小宇，林丽梅，许佳贤．农地依赖、农地流转行为与农户分化——基于福建省 209 个农户的调查数据分析［J］．农村经济，2019（6）：22 – 31.

［128］谭丹，黄贤金．区域农村劳动力市场发育对农地流转的影响——以江苏省宝应县为例［J］．中国土地科学，2007（6）：64 – 68.

［129］唐超，罗明忠，张苇锟．农地确权方式何以影响农业人口迁移？——源自广东省 2056 份农户问卷调查的实证分析［J］．干旱区资源与环境，2020，34（2）：15 – 21.

［130］唐超，罗明忠，张苇锟．农地确权方式如何影响农村劳动力农内转移？——基于农业分工的调节效应［J］．华中农业大学学报（社会科学版），2019（5）：63 – 70，168.

［131］唐超，罗明忠，张苇锟．农地整合确权促进农村劳动力就地转移了吗？——基于农业分工的调节效应［J］．经济体制改革，2020（2）：178 – 185.

［132］田传浩，贾生华．农地制度、地权稳定性与农地使用权市场发育：理论与来自苏浙鲁的经验［J］．经济研究，2004（1）：112 – 119.

［133］田传浩，李明坤．土地市场发育对劳动力非农就业的影响：基于浙、鄂、陕的经验［J］．农业技术经济，2014（8）：11 – 24.

［134］田孟．"结平衡账"：农户主导型农地确权模式探索［J］．西北农林科技大学学报（社会科学版），2015，15（6）：15 – 24.

［135］田秀娟，侯建林，董竹敏．新型农村合作医疗的政策效果评估［J］．重庆社会科学，2010，183（2）：20 – 24.

［136］王保国．基于 AutoCAD 的地块宗地成果快速输出方法与实现［J］．城市勘测，2017（4）：122 – 123，126.

［137］王慧君．成都市农地流转中的土地发展权配置实证研究［J］．中国农业资源与区划，2018，39（10）：219 – 223.

［138］王建英．转型时期农业生产方式调整与生产效率研究［D］．浙江大学，2015.

［139］王连合．农村集体土地确权无法解决的现实问题［J］．青岛农业

大学学报（社会科学版），2015，27（2）：54－59.

［140］王启荣. 完善管理是健全农业生产责任制的关键——《全国农村工作会议纪要》学习笔记［J］. 华中师院学报（哲学社会科学版），1982（4）：1－8.

［141］王倩，管睿，余劲. 风险态度、风险感知对农户农地流转行为影响分析——基于豫鲁皖冀苏1429户农户面板数据［J］. 华中农业大学学报（社会科学版），2019（6）：149－158.

［142］王倩. 粮食主产区农户农地流转行为及影响研究［D］. 西北农林科技大学，2019.

［143］王兴. 徕卡HDS8800在农村土地确权工作中的应用［J］. 测绘通报，2013（9）：128－129.

［144］王玉莹，金晓斌，范业婷，项晓敏，刘晶，周寅康. 农村土地整治对促进农业现代化水平的影响分析［J］. 中国土地科学，2017，31（8）：69－76，97.

［145］王子成. 外出务工、汇款对农户家庭收入的影响——来自中国综合社会调查的证据［J］. 中国农村经济，2012（4）：4－14.

［146］温忠麟，叶宝娟. 有调节的中介模型检验方法：竞争还是替补？［J］. 心理学报，2014，46（5）：714－726.

［147］温忠麟，张雷，侯杰泰. 有中介的调节变量和有调节的中介变量［J］. 心理学报，2006（3）：448－452.

［148］文贯中. 用途管制要过滤的是市场失灵还是非国有土地的入市权——与陈锡文先生商榷如何破除城乡二元结构［J］. 学术月刊，2014，46（8）：5－17.

［149］翁贞林. 农户理论与应用研究进展与述评［J］. 农业经济问题，2008（8）：93－100.

［150］吴次芳，谭荣，靳相木. 中国土地产权制度的性质和改革路径分析［J］. 浙江大学学报（人文社会科学版），2010（6）：25－32.

［151］西奥多·舒尔茨，改造传统农业［M］. 北京：商务印书馆，2006：4－5，112－123.

［152］向国成，韩绍凤. 农户兼业化：基于分工视角的分析［J］. 中国农村经济，2005（8）：4－9.

［153］谢琳，罗必良. 土地所有权认知与流转纠纷——基于村干部的问

卷调查 [J]. 中国农村观察, 2013 (1): 2-10, 20, 90.

[154] 徐美银, 钱忠好. 农民认知视角下的中国农地制度变迁——基于拓扑模型的分析 [J]. 农业经济问题, 2008 (5): 61-68.

[155] 许彩华, 余劲. "三权分置"背景下土地流转的收入效应分析——基于粮食主产区3省10县的农户调查 [J]. 华中农业大学学报 (社会科学版), 2020 (1): 18-27, 162.

[156] 许恒周, 郭玉燕, 石淑芹. 农民分化对农户农地流转意愿的影响分析——基于结构方程模型的估计 [J]. 中国土地科学, 2012, 26 (8): 74-79.

[157] 许恒周, 郭忠兴, 郭玉燕. 农民职业分化、养老保障与农村土地流转——基于南京市372份农户问卷调查的实证研究 [J]. 农业技术经济, 2011 (1): 80-85.

[158] 许恒周, 郭忠兴. 农村土地流转影响因素的理论与实证研究——基于农民阶层分化与产权偏好的视角 [J]. 中国人口·资源与环境, 2011, 21 (3): 94-98.

[159] 许恒周, 牛坤在, 王大哲. 农地确权的收入效应研究 [J]. 中国人口·资源与环境, 2020 (10).

[160] 许经勇. 我国农村土地产权制度改革的回顾与前瞻 [J]. 经济学动态, 2008 (7): 68-72.

[161] 许庆, 刘进, 钱有飞. 劳动力流动、农地确权与农地流转 [J]. 农业技术经济, 2017 (5): 4-16.

[162] 许庆, 陆钰凤. 非农就业、土地的社会保障功能与农地流转 [J]. 中国人口科学, 2018 (5): 30-41, 126-127.

[163] 许庆, 陆钰凤, 张恒春. 农业支持保护补贴促进规模农户种粮了吗?——基于全国农村固定观察点调查数据的分析 [J]. 中国农村经济, 2020 (4): 15-33.

[164] 薛凤蕊. 我国农地确权对耕地保护影响研究 [D]. 中国农业科学院, 2014.

[165] 亚当·斯密. 国民财富的性质和原因的研究 [M]. 北京: 商务印书馆, 1972.

[166] 严冰. 农地确权 [J]. 经济体制改革, 2010 (3): 99-102.

[167] 严小龙. 农地确权内涵体系的逻辑结构及其三维检视 [J]. 中国

土地科学，2019，33（5）：30－38.

[168] 杨宏力，李宏盼.农地确权对农民收入的影响机理及政策启示 [J].经济体制改革，2020（4）：86－93.

[169] 杨宏力.土地确权的内涵、效应、羁绊与模式选择：一个综述 [J].聊城大学学报（社会科学版），2017（4）：121－128.

[170] 姚洋.中国农地制度一个分析框架 [J].中国社会科学，2000（2）：54－65.

[171] 叶剑平，丰雷，蒋妍等.2008年中国农村土地使用权调查研究——17省份调查结果及政策建议 [J].管理世界，2010（1）：64－73.

[172] 易福金，陈志颖.退耕还林对非农就业的影响分析 [J].中国软科学，2006（8）：31－40.

[173] 游和远.地权激励对农户农地转出的影响及农地产权改革启示 [J].中国土地科学，2014，28（7）：17－23.

[174] 于建嵘，石凤友.关于当前我国农村土地确权的几个重要问题 [J].东南学术，2012（4）：4－11.

[175] 于水，丁文.多源流理论视角下宅基地使用权确权政策的议程设置研究——基于江苏省4市的调查 [J].中国土地科学，2016，30（1）：82－88.

[176] 俞海，黄季焜，张林秀.地权稳定性、土地流转与农地资源持续利用 [J].经济研究，2003（9）：82－95.

[177] 曾福生.农地产权认知状况与流转行为牵扯：湘省398户农户样本 [J].改革，2012，（4）：69－73.

[178] 翟伟林，田学军，王乾，霍印峰.CORS网络RTK技术在农村集体土地所有权确权工作中的应用 [J].测绘通报，2013（S2）：284－285.

[179] 詹姆斯·科尔曼.社会理论的基础 [M].邓方译.北京：社会科学文献出版社，1999：35－40.

[180] 张兰，冯淑怡，陆华良，曲福田.农地不同流转去向对转出户收入的影响——来自江苏省的证据 [J].中国农村观察，2017（5）：116－129.

[181] 张莉，金江，何晶，刘凯雯.农地确权促进了劳动力转移吗？——基于CLDS数据的实证分析 [J].产业经济评论，2018（5）：88－102.

[182] 张丽萍，张镱锂，阎建忠等.青藏高原东部山地农牧区生计与耕地利用模式 [J].地理学报，2008，63（4）：377－385.

[183] 张林秀. 农户经济学基本理论概述 [J]. 农业技术经济, 1996 (3): 24-30.

[184] 张沁岚, 杨炳成, 文晓巍. 土地股份合作制背景下推进承包经营权确权的农户意愿、难点与对策——以广东省为例 [J]. 农业经济问题, 2014 (10): 81-88.

[185] 张水华. 3S 技术在农村集体土地确权中的应用 [J]. 测绘与空间地理信息, 2014, 37 (2): 148-150.

[186] 张玮, 李春. 土地承包经营权确权的问题及解决对策 [J]. 劳动保障世界, 2015 (6): 44-45.

[187] 张笑寒, 岳启凡. 土地规模化经营促进农业生产性投资了吗?——基于全国三十一个省（市）的面板数据 [J]. 审计与经济研究, 2019, 34 (4): 87-93.

[188] 章政, 祝丽丽, 张涛. 农户兼业化的演变及其对土地流转影响实证分析 [J]. 经济地理, 2020, 40 (3): 168-176, 184.

[189] 折晓叶, 艾云. 城乡关系演变的研究路径——一种社会学研究思路和分析框架 [J]. 社会发展研究, 2014, 1 (2): 1-41, 243.

[190] 郑风田. 制度变迁与中国农民经济行为 [M]. 北京: 中国农业出版社, 2000.

[191] 郑阳阳, 罗建利. 农户缘何不愿流转土地: 行为背后的解读 [J]. 经济学家, 2019 (10): 104-11.

[192] 中共中央 国务院关于实施乡村振兴战略的意见 [J]. 中华人民共和国国务院公报, 2018 (5): 4-16.

[193] 钟甫宁, 顾和军, 纪月清. 农民角色分化与农业补贴政策的收入分配效应 [J]. 管理世界, 2008 (5): 65-71.

[194] 钟甫宁, 纪月清. 土地产权、非农就业机会与农户农业生产投资 [J]. 经济研究, 2009, 44 (12): 43-51.

[195] 钟文晶, 罗必良. 禀赋效应、产权强度与农地流转抑制——基于广东省的实证分析 [J]. 农业经济问题, 2013, 34 (3): 6-16, 110.

[196] 周靖祥, 陆铭. 内地农村土地流转何去何从?——重庆实践的启示 [J]. 公共管理学报, 2011, 8 (4): 85-95.

[197] 周敏, 雷国平, 匡兵. 信息不对称下的农地流转"柠檬"市场困境——以黑龙江省西城村例证 [J]. 华中农业大学学报（社会科学版）,

2017 (4): 118 -123, 150.

[198] 周其仁. 确权不可逾越——学习《决定》的一点体会 [J]. 经济研究, 2014, 49 (1): 21 -22.

[199] 周其仁. 确权是土地流转的前提与基础 [J]. 农村工作通讯, 2009 (14): 40.

[200] 朱北仲. 我国农村土地确权中的问题与解决对策 [J]. 经济纵横, 2015 (5): 44 -47.

[201] 朱长宁, 王树进. 退耕还林对西部地区农户收入的影响分析 [J]. 农业技术经济, 2014 (10): 58 -66.

[202] 朱建军, 张蕾. 农地确权能增强农村劳动力的外出务工意愿吗?——基于中国劳动力动态调查的实证分析 [J]. 当代经济管理, 2019, 41 (6): 30 -36.

[203] 朱兰兰, 蔡银莺. 农户家庭生计禀赋对农地流转的影响——以湖北省不同类型功能区为例 [J]. 自然资源学报, 2016, 31 (9): 1526 -1539.

[204] 朱宁宁. 土地流转确权前应重新调整分配制度 [N]. 法制日报, 2015 -02 -03 (003).

[205] 诸培新, 张建, 张志林. 土地流转对农户收入影响研究——对政府主导与农户主导型土地流转的比较分析 [J]. 中国土地科学, 2015, 29 (11): 70 -77.

[206] 庄晋财, 卢文秀, 李丹. 前景理论视角下兼业农户的土地流转行为决策研究 [J]. 华中农业大学学报 (社会科学版), 2018 (2): 136 -144, 161 -162.

[207] Adenew B, Abdi F. Land Registration in Amhara Region, Ethiopia [M]. UK, Nottingham: Russell Press, 2005.

[208] Ahn C Y, Singh I, Squire L. A Model of an Agricultural Household in a Multi-Crop Economy: The Case of Korea [J]. The Review of Economics and Statistics, 1981, 63 (4), 520 -525.

[209] Barnum H N, Squire L. An econometric application of the theory of the farm-household [J]. Journal of Development Economics, 2006, 6 (1): 79 -102.

[210] Bouquet E. State-Led Land Reform and Local Institutional Change: Land Titles, Land Markets and Tenure Security in Mexican Communities [J].

World Development, 2009, 37 (8): 1390 – 1399.

[211] Brauw A D, Mueller V. Do Limitations in Land Rights Transferability Influence Mobility Rates in Ethiopia? [J]. Essp Working Papers, 2012, 21 (4): 548 – 579.

[212] Chamberlin J, Ricker-Gilbert J. Participation in rural land rental markets in Sub-Saharan Africa: Who benefits and by how much? Evidence from Malawi and Zambia [J]. American Journal of Agricultural Economics, 2016: 1507 – 1528.

[213] Cheng W, Xu Y, Zhou N, et al. How did land titling affect China's rural land rental market? Size, composition and efficiency [J]. Land use policy, 2019, 82: 609 – 619.

[214] Cramb R A, Purcell T, Ho T. Participatory assessment of rural livelihoods in the Central Highlands of Vietnam [J]. Agricultural Systems, 2004, 81 (3): 255 – 272.

[215] De Janvry A, et al. Delinking Land Rights from Land Use: Certification and Migration in Mexico [J]. The American Economic Review, 2015, 105 (10): 3125 – 3149.

[216] Do Q, Iyer L. Land Titling and Rural Transition in Vietnam [J]. Economic Development & Cultural Change, 2008, 56 (3): 531 – 579.

[217] Fort R. The homogenization effect of land titling on investment incentives: evidence from Peru [J]. NJAS-Wageningen Journal of Life Sciences, 2008, 55 (4): 325 – 343.

[218] Gao L, Sun D, Huang J. Impact of land tenure policy on agricultural investments in China: Evidence from a panel data study [J]. China Economic Review, 2017, 45: 244 – 252.

[219] Ghebru H, Holden S T. Technical efficiency and productivity differential effects of land right certification: A quasi-experimental evidence [J]. Quarterly Journal of International Agriculture, 2015, 54 (1): 1 – 31.

[220] Giles J. Village Political Economy, Land Tenure Insecurity, and the Rural to Urban Migration Decision: Evidence from China [J]. American Journal of Agricultural Economics, 2018, 100 (2): 521 – 544.

[221] Goldstein G S. Migration in China: Methodological and Policy Challenges [J]. Social ence History, 1987, 11 (1): 85 – 104.

［222］Hare D. The Origins and Influence of Land Property Rights in Vietnam ［J］. Development Policy Review, 2008, 26 (3): 339 – 363.

［223］Holden S T, Deininger K, Ghebru H. Tenure Insecurity, Gender, Low-cost Land Certification and Land Rental Market Participation in Ethiopia ［J］. Journal of Development Studies, 2011, 47 (1): 31 – 47.

［224］Houngbedji K. Property Rights and Labour Supply in Ethiopia ［D］. PseWorking Papers, 2015.

［225］Jin S, Jayne T S. Land rental markets in Kenya: Implications for efficiency, equity, household income, and poverty ［J］. Land Economics, 2013, 89 (2): 246 – 271.

［226］Kung K S. Common Property Rights and Land Reallocations in Rural China: Evidence from a Village Survey ［J］. World Development, 2000, 28 (4): 701 – 719.

［227］Lawry S, Samii C, Hall R, et al. The impact of land property rights interventions on investment and agricultural productivity in developing countries: a systematic review ［J］. Journal of Development Effectiveness, 2017, 9 (1): 61 – 81.

［228］Lewis A. Economic Development with Unlimited Supplies of Labour ［J］. The Manchester school of economic and social studies, 1954, 22 (2): 139 – 191.

［229］Li L. Land titling in China: Chengdu experiment and its consequences ［J］. China Economic Journal, 2012, 5 (1): 47 – 64.

［230］Lynch L, Gray W, Geoghegan J. Are Farmland Preservation Program Easement Restrictions Capitalized into Farmland Prices? What Can a Propensity Score Matching Analysis Tell Us? ［J］. Applied Economic Perspectives and Policy, 2007, 29 (3): 502 – 509.

［231］Ma X, Heerink N, Ierland E, et al. Land tenure insecurity and rural-urban migration in rural China ［J］. Papers in Regional Science, 2014, 95 (2): 383 – 406.

［232］Min S, Waibel H, Huang J. Smallholder participation in the land rental market in a mountainous region of Southern China: Impact of population aging, land tenure security and ethnicity ［J］. Land Use Policy, 2017, 68: 625 – 637.

［233］ MullanK, Grosjean P, Kontoleon A. Land tenure arrangements and rural-urban migration in China ［J］. World Development, 2011, 39（1）: 123 – 133.

［234］ Nakajima C. Subsistence and Commercial Family Farms: Some Theoretical Models of Subjective Equilibrium ［M］. Subsistence Agriculture & Economic Development. 2017.

［235］ Oded, Stark. Rural-to-Urban Migration in LDCs: A Relative Deprivation Approach ［J］. Economic Development & Cultural Change, 1984, 32（3）: 475 – 486.

［236］ Pufahl A, Weiss C R. Evaluating the effects of farm programmes: results from propensity score matching ［J］. European Review of Agricultural Economics, 2009, 36（1）: 79 – 101.

［237］ Ranis G, Fei J C. A theory of economic development ［J］. American Economic Review, 1961, 51（4）: 533 – 565.

［238］ Rao F, Spoor M, Ma X, et al. Perceived land tenure security in rural Xinjiang, China: The role of official land documents and trust ［J］. China Economic Review, （2017）, http://dx. doi. org/10. 1016/j. chieco. 2017. 03. 009.

［239］ Ren G, Zhu X, Heerink N, et al. Perceptions of Land Tenure Security in Rural China: The Impact of Land Reallocations and Certification ［J］. Society & Natural Resources, 2019: 1 – 17.

［240］ Rupelle M, Deng Q, Shi L, et al. Land rights insecurity and temporary migration in rural China ［J］. IZA Discussion Paper No. 4668, 2009. Available at SSRN: https://ssrn. com/abstract = 1530672.

［241］ Saint-Macary C, Keil A, Zeller M, et al. Land titling policy and soil conservation in the northern uplands of Vietnam ［J］. Land Use Policy, 2010, 27（2）: 617 – 627.

［242］ Sklenicka P, Janovska V, Salek M, et al. The Farmland Rental Paradox: Extreme land ownership fragmentation as a new form of land degradation ［J］. Land Use Policy, 2014, 38: 587 – 593.

［243］ Uchida E, Xu J T, Rozelle S. Grain for green: cost-effectiveness and sustainability of China's conservation set-aside program ［J］. Land Economics, 2005, 81（2）: 247 – 264.

［244］ Wang Y, Li X, Li W, et al. Land titling program and farmland rental market participation in China: Evidence from pilot provinces [J]. Land Use Policy, 2018, 74: 281 – 290.

[245] Wineman A, Liverpool-Tasie L S. Land markets and the distribution of land in northwestern Tanzania [J]. Land Use Policy, 2017, 69: 550 – 563.

[246] Wynand P. M. M. Van de Ven, Praag B. The demand for deductibles in private health insurance: A probit model with sample selection [J]. Journal of Econometrics, 1981, 17 (2): 229 – 252.

[247] Yami M, Snyder K A. After All, Land Belongs to the State: Examining the Benefits of Land Registration for Smallholders in Ethiopia [J]. Land Degradation & Development, 2016, 27 (3): 465 – 478.

[248] Yuen-Fong, Woon. Labor Migration in the 1990s: Homeward Orientation of Migrants in the Pearl River Delta Region and Its Implications for Interior China [J]. Modern China, 1999, 25 (4): 475 – 475.